TINTA
DA
CHINA
। brasil ।

O PEQUENO
LIVRO DO GRANDE
TERREMOTO

Rui Tavares

O PEQUENO LIVRO DO GRANDE TERREMOTO

ENSAIO SOBRE 1755

SÃO PAULO
TINTA-DA-CHINA BRASIL
MMXXII

SUMÁRIO

UM 11
"Dias que mudam o mundo" e outras catástrofes
naturais e humanas — Roma, Lisboa, Nova Iorque
— Desastres e circunstâncias na aldeia global

DOIS 29
E se não houvesse Terremoto? Contra fatos há
argumentos — Percursos numa Lisboa imaginária
e numa história sem Pombal

TRÊS 51
1755: o que há num número — Pequena história
de um ano trivial — Tempo cíclico de uma cidade
sob proteção divina

QUATRO 71
Sismo, *tsunami* e incêndios —
Os elementos contra Lisboa —
O dia da tripla catástrofe — Primeiros relatos

CINCO 91
Rescaldo e reconstrução — António Pereira
de Figueiredo e o nascimento do pombalismo

SEIS 105
Histórias de sobreviventes — A fuga para
os campos — Thomas Chase, um lisboeta

SETE 121
Planos para o futuro — As cinco lisboas possíveis
de Manuel da Maia — Cidades de papel

OITO 135
O que nos aconteceu? — 1772: um censor entrega
o seu relatório — 1761: a primeira morte
de Gabriele Malagrida

NOVE 151
Ondas de choque na República das Letras — Voltaire
contra Leibniz e Pope — Rousseau contra Voltaire —
O mundo contra Cândido

DEZ 167
Católicos e outros hereges — Como sobreviver
a um auto de fé da Inquisição portuguesa
— Lisboa estava a pedi-las
— Avisos de Deus amplificados por John Wesley

ONZE 175
Imagens e narrações — A sedimentação do Grande
Terremoto — Folclorização e sensibilidades românticas

DOZE 191
Três terremotos imaginários — Memória histórica
e memória coletiva — Significados de 1755

NOTAS 210

SELECÇÃO BIBLIOGRÁFICA 213

LISTA DE ILUSTRAÇÕES 215

ÍNDICE ONOMÁSTICO 217

Esta e as futuras edições de *O Pequeno Livro do Grande Terremoto* vão
dedicadas à memória do meu amigo Olímpio Ferreira [1967-2007].
— R.T.

Aos meus pais, Armando e Lucília

À minha Chris

Ruínas da Ópera do Tejo (c. 1756),
gravura de Jacques Phillipe le Bas

.I.
"Dias que mudam o mundo" e outras catástrofes naturais e humanas — Roma, Lisboa, Nova Iorque — Desastres e circunstâncias na aldeia global

A 11 DE SETEMBRO DE 2001 e nos dias seguintes, ainda sob o efeito do ataque às Torres Gémeas de Nova Iorque, os jornais, as rádios, as televisões e a internet anunciaram de forma quase uníssona que o mundo havia mudado naquele dia. Poucas pessoas terão discordado — e certamente que não foi por passividade em relação ao que lhes era dito. Ninguém desconhece que os meios de comunicação profissionais têm por hábito decretar esse tipo de momentos históricos: por cada ano que passa as revistas descobrem vários "casamentos da década"; "julgamentos do século" há vários em cada década e "o melhor autor da sua geração" costuma chegar em pacotes de meia dúzia de nomes no início da temporada literária. Naquele dia, porém, até o observador mais desconfiado ou o leitor mais imunizado contra esses exageros pôde atestar por si mesmo uma súbita mudança da realidade, distribuída por inúmeros sinais inesperados — os rostos dos vizinhos, as reações de colegas de trabalho ou as conversas com estranhos, entre muitos outros pormenores.

Se possuímos ainda hoje uma memória sólida do lugar onde nos encontrávamos quando se soube do ataque, daquilo que então sentimos e restantes circunstâncias pessoais é porque, no fundo, já sabíamos que o mundo tinha mudado ainda antes de os *media* no-lo dizerem. Sabíamo-lo por experimentarmos aquilo que descreverei como uma impressão de irrealidade: o solo que se pisava parecia diferente e no dia seguinte, ao acordar, muita gente se terá perguntado se tudo aquilo tinha realmente acontecido.

O mundo poderá ou não ter efetivamente mudado naquele dia; mas se não o fez, pareceu pelo menos imitá-lo com grande verosimilhança.

O *tsunami* de origem sísmica que arrasou, no dia 26 de dezembro de 2004, grande parte da costa do Índico ocorreu assim já em plena era histórica inaugurada pelo 11 de Setembro. E se em 2001 nos perguntávamos, mesmo a milhares de quilómetros do local dos ataques, sobre o grau de previsibilidade do futuro a partir daquele ponto, a verdade é que a realidade encetada com os ataques de Nova Iorque se manteve fiel à sua inquietante promessa: o grau de previsibilidade do *tsunami* de 2004 foi extremamente baixo.

O ataque de Nova Iorque foi pensado pela mente humana; o *tsunami* do Índico teve causas naturais. É essencial assinalar com nitidez esta demarcação entre os dois acontecimentos antes de prosseguir: o *tsunami* não foi imprevisível em obediência à nova textura da realidade; para nós, sismos e *tsunamis* sempre foram imprevisíveis. Como é evidente, pode ser dito com máxima confiança que a relação de causalidade entre os dois acontecimentos é nula, ou seja, que com certeza o *tsunami* teria ocorrido mesmo que os aviões de passageiros não tivessem no derradeiro momento chocado contra os seus alvos. Pode dizer-se: é apenas a nossa visão do mundo que nos faz pensá-lo como imprevisível; na verdade ele é tão imprevisível como sempre foi. Mas esta objeção falha um aspecto fundamental do ponto de vista humano: o mundo que vemos é o mundo que temos. Pois se ambos os acontecimentos são radicalmente distintos entre si, há algo que os une para lá dessas diferenças — foram as mesmas gerações que os viveram, numa escala planetária, de forma globalmente muito semelhante. A resposta, o enquadramento, o panorama mental em que ocorreu o *tsunami* do Índico é já o do pós-11 de Setembro.

O mundo que assistiu ao segundo acontecimento é, em suma, aquele que havia sido mudado pelo primeiro. De que outra forma se poderiam entender as referências feitas, nos meses que se seguiram à segunda catástrofe, à diversidade religiosa, étnica ou de classe das vítimas do *tsunami* — ou seja, ao tipo de diferenças tornadas relevantes pelo mundo do 11 de Setembro? Ao afirmar-se repetidamente que o *tsunami* matou "democraticamente", sem olhar a religiões, nacionalidades e classes, criou-se um lugar-comum que não foi mais do que uma resposta a outro lugar-comum que ganhou expressão com o ataque a Nova Iorque e que pressupõe distinções irredutíveis entre aquelas categorias. Não por acaso, sabíamos que a ênfase recaía sobre a palavra "religiões". As religiões ocupam um lugar central na grelha de leitura pós-11 de Setembro e, em consequência, na grelha de leitura que estava em vigência a 26 de dezembro de 2004. Noutra década, a ênfase recairia com mais facilidade sobre "classes"; noutro século, sobre "nacionalidades".

Esses dois acontecimentos dos últimos anos forçaram a humanidade a uma reflexão sobre a textura da história, a identificação do bem e do mal ou as relações entre cultura, religião e realidade. Essa reflexão, aparentemente típica de filósofos, historiadores ou teólogos, foi feita em conjunto, por efeito do processo a que vulgarmente se chama globalização; poucas pessoas lhe terão escapado. A grelha de leitura não é criada por especialistas, para consumo da restante população mundial; são todas as pessoas expostas, mediata ou imediatamente, ao acontecimento, que criam o seu enquadramento cultural.

As questões listadas acima ocorrem sob várias declinações e com reverberações diferentes no contexto do Grande Terremoto; encontrá-las-emos por diversas vezes no decurso deste livro. Consideremos a questão da textura da história. Se o mundo muda assim de tal forma através de acontecimentos como esses, mesmo quando infelizmente estão longe de ser ocorrências únicas, há uma pergunta que ganha nova pertinência. Como corre a linha da história?

Devemos imaginá-la reta — ascendente ou descendente —, curvilínea, espiralada? Se a pensarmos sob cada uma dessas formas, como integramos então os seus movimentos bruscos, como o Grande Terremoto, o 11 de Setembro ou o *megatsunami* de 2004? A insistência com que identificamos essas ocorrências especiais quase as eleva ao estatuto que em física se dá às "singularidades" — uma singularidade é uma ocorrência específica que rompe com a textura do universo (por exemplo, o *big bang*, um buraco negro). Mas poderá a história humana — manifestamente tão diferente das leis da física — ser compreensível por meio de singularidades? Que figuração poderá espelhar essas moções imprevistas, os dias em que o curso normal das coisas se rompe, galga as margens ou ressalta de forma bizarra? Terá a história esquinas ou cotovelos?

Essa é uma velha pergunta. Num dos seus extremos encontrar-se-á uma resposta assim: "Vista a uma distância fria e cerebral, os saltos da agulha da história tornam-se pouco significativos; a história não tem cotovelos nem faz qualquer outro tipo de ângulos fechados, é a experiência que dela temos à nossa escala que nos faz exagerar a importância do que vemos acontecer na nossa geração; o excesso de particulares impede qualquer visão racional ou científica da história".

No outro extremo dir-se-ia algo como: "A história é arbitrária; um acontecimento pode desequilibrá-la em direções inesperadas e só uma tentativa de racionalização, ou seja, de redução à baixa amplitude do entendimento humano, faz com que a imaginemos sob qualquer forma geométrica simples." O defensor dessa posição acrescentaria como ilustração do seu argumento aquele clássico exemplo do assassinato do Arquiduque Francisco Fernando em 1914 na cidade de Sarajevo. "Se a bala disparada por Gavrilo Princip tivesse falhado o alvo", diria, "não teríamos tido a Primeira Guerra Mundial, não teriam morrido milhões de pessoas, e a prosperidade do final do século XIX ter-se-ia expandido à escala global."

O seu opositor acusá-lo-ia de ingenuidade: "Será possível que não vejas que as potências europeias estavam destinadas a combater-se? Se não o tivessem feito por causa do assassinato do Arquiduque, tê-lo-iam feito sob outro pretexto qualquer".

Note-se que este é um diálogo entre personagens imaginárias; mas não faltam versões reais, mais ou menos eruditas, dessas posições. Talvez devêssemos chamar à primeira personagem "determinista" e à segunda, naturalmente, "indeterminista". Num célebre debate entre o filósofo britânico Arnold Joseph Toynbee e o historiador holandês Pieter Geyl sob o tema "Será possível conhecer o padrão do passado?", o primeiro assumiu-se como "pessimista" (que é, como o otimismo, uma posição determinista) e o segundo preferiu para si o título de "cético". Para este livro decidi aplicar os qualificativos usados nas discussões do século XVIII: ao nosso determinista chamaremos "fatalista", mesmo se científico, e ao indeterminista chamaremos "pirronista", porque o pirronista é o mais extremo dos céticos (diz-se que o fundador desta corrente, Pirro de Eleia, respondeu ao socrático "só sei que nada sei" com um sucinto "pois eu nem isso sei"). Ao pirronista, em consequência, nem sequer se coloca a questão de saber "se é possível conhecer o padrão da história", como Toynbee e Geyl. Para ele, nada garante que tal padrão exista sequer; a história poderia perfeitamente seguir o tipo de linha que Laurence Sterne atribuiu às suas personagens em *Tristram Shandy* e que possui, no todo, mais singularidades do que padrões:

Será coincidência que Sterne tenha escrito esse livro na década do Grande Terremoto?

Felizmente, não há qualquer necessidade de escolher um dos campos. Na verdade, se excluirmos os filósofos e alguns historiadores profissionais, a maior parte de nós oscila temperamentalmente entre uma posição e outra — o fatalismo, apesar de científico, e o pirronismo, sempre à falta de melhor. Para o acompanhamento dessa reflexão, não precisamos de saber com segurança se existem ou não dias que sozinhos mudem o curso da história. A resposta fácil seria afirmar que todos os dias mudam a história, especialmente aqueles em que não sucede nada de monta. A segunda resposta mais fácil seria fugir desse problema intratável alegando simplesmente que a humanidade, em determinadas circunstâncias, atribui a certos dias mais importância do que a outros e que o que nos interessa é considerar essa percepção coletiva. É precisamente o segundo caminho mais fácil que tomaremos.

No primeiro dia de novembro de 1755 Lisboa foi arruinada pelas forças combinadas de um sismo violentíssimo e invulgarmente longo, um maremoto que lançou ondas gigantescas sobre a costa e diversos incêndios, um dos quais consumiu todo o centro da capital portuguesa. Pelo menos no que diz respeito à percepção que os contemporâneos têm da sua história, é razoável estabelecer-se um paralelismo entre o Terremoto de 1755 e os ataques de Nova Iorque ou o *tsunami* do Índico. O Terremoto ou Desastre de Lisboa, como foi chamado pelos contemporâneos estrangeiros, era certamente uma singularidade, uma ruptura violenta da ordem histórica. Se há candidatos sérios a "dia que mudou o mundo", o 1º de novembro de 1755 é um deles.

Ocasiões traumáticas como essas são tidas por propícias a conversões mais ou menos espetaculares. O *tsunami* de 2004, por exemplo, proporcionou ao Arcebispo de Cantuária a insólita declaração — depois corrigida — de que acontecimentos como aquele colocavam em dúvida a existência de Deus.

Em sentido oposto, um dos maiores cientistas políticos europeus, o sueco Nils Elvander, escreveu pela mesma altura um texto intitulado "Eu, um ateísta, regresso à Igreja" (sem, no entanto, renunciar ao ateísmo).

Seria um erro, no entanto, generalizar semi-inversões pessoais como as atrás descritas, nem sequer com as limitações que anotei junto a cada uma. É de longe mais frequente defender-se que a catástrofe deve de fato levar a uma profundíssima revisão de consciência — por parte dos outros. Assim, também em 1755 a maior parte dos testemunhos e reflexões pessoais viu no Terremoto a confirmação das suas convicções de sempre. No caso daqueles devotos que há muito fustigavam os seus contemporâneos por se deixarem levar pelo laxismo no campo moral e, acima de tudo, pelo "tolerantismo" e "indiferentismo" em matéria religiosa — pois bem, para esses o Grande Terremoto não foi mais do que a retribuição impecável que mereciam esses jogos filosóficos perigosos. Para aqueles outros filósofos deístas e naturalistas, que consideravam ridícula a possibilidade de Deus usar os elementos para enviar recados aos humanos e desperdiçar a sua inteligência suprema a contabilizar pecadilhos dos habitantes da cidade x, o Terremoto fora a prova irrefutável de que a natureza, quando necessita de se sacudir, não cuida de saber se são devotos ou hereges, cristãos ou infiéis aqueles que ficam esmagados debaixo dos escombros. Em Lisboa, a catástrofe foi mesmo capaz de destruir dezenas de igrejas para poupar a rua dos bordéis — uma imagem que ficou gravada nas consciências do século.

Em suma: não só as pessoas, em geral, não abdicaram das suas convicções anteriores como, pelo contrário, identificaram na catástrofe o sinal da refutação e falência das ideias adversárias. Isso parece querer assinalar que o papel das catástrofes nas comunidades humanas se cumpre não tanto na revisão total das consciências, embora algumas mudanças dramáticas de posição filosófica possam ocorrer aqui e acolá, mas antes na confirmação de velhas dicotomias sob novos contextos. Pode até ser que se trate de um "dia que mudou o mundo". Pois bem: nesse caso mudar o mundo é mais fácil do que mudar ideias já consolidadas e rivalidades cristalizadas. Uma tragédia é sempre coisa lastimável, mas para quem combate em guerras ideológicas não há confirmação dos seus preconceitos que deixe, de uma forma ou outra, de ser bem-vinda.

Ao acrescentar novos dados a velhas querelas, as catástrofes têm um papel considerável na dinâmica cultural das sociedades. O Grande Terremoto de Lisboa fez brotar uma quantidade desmedida de discussões. Polemizou-se sobre as causas do sismo, sobre a extensão dos danos e sobre as consequências futuras do acontecimento. Lançaram--se objeções teológicas, políticas, filosóficas e literárias em discussões que se propagaram no tempo e cruzaram fronteiras. E ainda havia folhetos por imprimir, poemas por terminar e censuras por aprovar quando se começou a dizer que nenhum outro acontecimento fora merecedor de tanta ponderação e controvérsia desde os incêndios de Roma, no ano de 64 d.C.

Essa afinidade entre os incêndios de Roma e o Terremoto de Lisboa, assinalada assim a 1.700 anos de distância, é muito reveladora da importância que os contemporâneos atribuíram ao Grande Terremoto e tem, na verdade, algumas razões de ser. Os incêndios de Roma são um emblema do princípio do fim do Império Romano, tal como o Terremoto de Lisboa o é de certa forma para o princípio do fim do Antigo Regime. Ambas as catástrofes foram alvo de leituras exageradíssimas nos seus tempos e nos séculos seguintes: Roma, que perdeu três das suas catorze *regiones*, foi dada como completamente arrasada; para Lisboa chegou a ser inventado o número fantasioso de 70 mil mortos e disse-se também que a cidade tinha sido obliterada do mapa. Com ou sem exageros, as representações dos dois acontecimentos constituíram-se como moeda-corrente na memória coletiva do Ocidente para os séculos seguintes.

De forma menos visível, pode acrescentar-se a esses paralelismos uma questão crucial que ainda não assinalamos: a relação entre catástrofe e "grandes homens", um tópico recorrente, sob versões muito contraditórias, na historiografia das catástrofes. Para Lisboa e Roma temos em comum a representação de homem político tirânico e frio, patrono das artes e adepto de grandes obras de reconstrução. Mas as diferenças entre os dois casos são mais expressivas. Pombal e Nero assumem posições praticamente inversas relativamente à catástrofe. Para um foi início; para outro ocaso de carreira. Pombal é lembrado como o "grande reconstrutor"; Nero — justa ou injustamente — como "grande destruidor". Os "grandes homens" não são menos diversos entre si do que as grandes catástrofes. Ainda assim, eles são frequentemente entendidos como o nexo principal entre as catástrofes e a política, o que ajuda a explicar a escrupulosa atenção que em ocasiões semelhantes os observadores dedicam a este tipo de líderes providenciais ou despóticos, oportunistas ou negligentes.

Desejo chamar agora a atenção para uma carta sobre os incêndios de Roma que "Séneca" dirige a "S. Paulo". Antes de avançar, porém, faça-se uma ressalva: o estatuto deste documento é indeterminado, uma vez que há sérias razões para duvidar da sua autenticidade. Séneca e Paulo coincidiram em Roma durante alguns anos e encontravam-se na cidade à época dos incêndios de 64; contudo, nada prova que se tenham alguma vez conhecido, quanto mais trocado cartas. A polémica em torno da autenticidade das cartas prolonga-se há já mais de mil anos; contribuíram para ela desde Erasmo de Roterdam (que considerava as cartas falsas) a Joseph de Maistre (que as considerava autênticas). Para os cristãos da Idade Média, que respeitavam a filosofia de Séneca, a existência de um conjunto de treze cartas trocadas entre as duas personagens históricas era prova de que esse filósofo profundo e homem reto se tinha aproximado da "verdadeira religião". A opinião largamente maioritária entre os estudiosos, finalmente, é a de que as cartas são apócrifas e foram provavelmente escritas por cristãos no século II d.C., mais de duzentos anos depois dos incêndios.

Para nós, contudo, o interesse dessa carta não está nos seus hipotéticos autores (razão porque deixarei o "Séneca" e o "Paulo" da carta entre aspas, para os diferenciar dos Séneca e Paulo históricos), nem sequer no fato de poderem ter sido escritas "em cima do acontecimento". A sua relevância para a nossa discussão reside no peso que os incêndios de Roma de 64 d.C. preservaram ao longo dos séculos, sob duas perspectivas principais: o papel do líder político na catástrofe e a formação da consciência cristã. Vejamos as palavras de "Séneca":

> As eras passadas sofreram com o Macedónio filho de Filipe [Alexandre, o Grande], os Ciros, Dário, Dionísio, e a nossa própria era com Gaio César [Calígula], os quais faziam tudo quanto queriam. Os incêndios de Roma têm uma origem manifesta. Mas se à humildade humana fosse permitido dizer de suas causas e falar impunemente nesta época de trevas, todos perceberiam tudo. Que os Cristãos e Judeus sejam supliciados como autores dos incêndios é já costume. O culpado, qualquer que ele seja, que se compraz na carnificina e se refugia na mentira, tem o seu destino fixado; e da mesma forma que o melhor de nós "deu a cabeça de um por todos", também o culpado será cremado pelo fogo por conta de todos. Cento e trinta e dois palácios e 4 mil ínsulas arderam durante seis dias; ao sétimo dia repousou.

A contextualização eminentemente política do autor da carta é, talvez, o elemento mais interessante a retirar desse excerto.

Repare-se como a sua análise da catástrofe parte de uma listagem de tiranos da Antiguidade. Enquanto leitura política, a carta não pode deixar de tocar no tema da generalização da culpa a categorias étnicas e religiosas e da sujeição dos povos às agendas particulares dos seus governantes vingativos e mentirosos. As acusações que lança contra Nero preservam, no original latino, todo o vigor da sua indignação contra a utilização dos cristãos e judeus como bodes expiatórios dos incêndios (*"Christiani et Iudaei quasi machinatore incendii"*) e o seu desespero face à intenção de o pensamento do líder político utilizar os seus súditos para a violência, mesmo que para isso tivesse de fazer uso de falsidades. Os grandes homens, para "Séneca", sentem gozo na carnificina e escondem-se na mentira (*"cui uoluptas carnificina est et mendacium uelamentum"*). A passagem final dá conta da impotência dos súditos, e em particular dos "intelectuais", nesse tipo de situações em que a pressão política os impede de "falar a verdade ao poder" e abrir os olhos às populações. Se fosse possível falar livremente nesta época de trevas, todos veriam tudo (*"omnes omnia uiderent"*).

No fundo, já estava tudo aqui.

Note-se que ao escrever sobre um "culpado" dos incêndios (o termo utilizado é *"grassator"*), este "Séneca" quase cristão praticamente subscreve, ainda que sob a forma de subentendido, a tese de que o próprio imperador Nero, seu antigo aluno, fora o causador dos incêndios. Mas deve dizer-se que, ao contrário do ataque a Nova Iorque, do *tsunami* do Índico ou do Terremoto de 1755, as causas dos incêndios de 64 d.C. em Roma permanecem indeterminadas. Entre os autores coevos não há acordo sobre o seu caráter natural ou humano, premeditado ou acidental. Suetónio defendeu a tese de que o imperador teria sido o verdadeiro mandante do incêndio. Tácito nega essa hipótese mas reconhece que inúmeros boatos corriam então por Roma atribuindo a Nero a intenção de incendiar a cidade para criar espaço para gigantescos projetos arquitetónicos, tendo depois acusado os cristãos para desviar as atenções.

A posição do autor ou autores das *Cartas (que se diz serem) de Séneca a Paulo e de Paulo a Séneca* inscreve-se, como vimos, na tradição histórica dos primeiros séculos de semiclandestinidade cristã e permite-nos acrescentar um nexo essencial a esse nosso percurso pontuado por catástrofes de épocas e contextos tão diferentes: o nexo religioso e, em particular, aquele que decorre da história da cristandade. Repare-se como o "Séneca" da carta diz que "o melhor de nós 'deu a cabeça de um por todos'" — como Jesus Cristo no Calvário — e que o fogo queimou "132 palácios e 4 mil ínsulas durante seis dias" e "ao sétimo dia repousou" (como Deus na criação do mundo). Essas analogias revelam claramente que os incêndios de Roma têm, para os cristãos, um sentido fundador.

E AQUI CHEGAMOS a um ponto relevante. Se colocarmos em linha as catástrofes de Roma, Lisboa e Nova Iorque identificaremos pontos de viragem essenciais para a própria história do cristianismo no Ocidente. Em Roma, o momento fundador em circunstâncias precárias, em posição minoritária e arriscada perante o poder imperial "pagão"; em Nova Iorque a confrontação com uma agressão nascida no exterior, arremessada por um inimigo numa era de impotência relativa da religião no seio do próprio Ocidente. Em relação a Lisboa, veremos nos próximos capítulos o modo como o Grande Terremoto se tornou o eixo fundamental de um debate no seio do cristianismo — dominante e "soberano" — sobre aquilo que pertence a Deus, à Natureza e à República (ou à religião, à ciência e à política). Três momentos essenciais na relação entre poder e religião, cultura e realidade material.

A descrição sumaríssima dos contextos culturais das três catástrofes que acabamos de fazer permite-nos desvendar parte da resposta à pergunta que nos ocupará nos próximos parágrafos: que tipo de argumento permitiria destacar e relacionar estes três acontecimentos em detrimento de outros seus semelhantes e até mais destrutivos?

Afinal, antes e depois de Roma, Lisboa e Nova Iorque, outros crimes e desventuras mataram mais gente, ou tiveram uma amplitude maior, ou foram de natureza mais inédita. Alguns deles geraram até maior massa documental, mais reflexão escrita e filosofia da maior profundidade. Outros ainda, se não o fizeram, foi mais por culpa da humanidade do que por falta de importância do objeto. Concedo, então, sem nenhuma hesitação, que essa listagem de catástrofes, se não chega a ser fortuita, é certamente truncada. Poderíamos indubitavelmente acrescentar-lhe o holocausto nazi, que ocupa um horroroso lugar à parte na história da humanidade; mas também certamente o lançamento da bomba atômica sobre Hiroxima e Nagasáqui, o genocídio cambojano ou ruandês, a psicopatia criminal do estalinismo — e interromperei logo aqui essa triste lista, que se arrisca a ser interminável, mesmo sem ter enumerado incontáveis catástrofes naturais, algumas das quais com maior número de vítimas do que o próprio sismo e *tsunami* de 2004.

No fundo, o que empresta relevância cultural a cada um desses acontecimentos? Não se trata apenas, certamente, das características intrínsecas da catástrofe, por mais funestas que sejam. Trata-se, para glosar uma frase célebre, da catástrofe e suas circunstâncias. Dessas circunstâncias escolherei dois eixos principais para reflexão: primeiro, a intromissão da catástrofe num quadro cultural pré-existente, nomeadamente nos debates internos das sociedades; segundo, a articulação da catástrofe com os suportes de comunicação, os *media*, de cada época. Já exploramos parte do primeiro aspecto: o Grande Terremoto, como os incêndios de Roma e o 11 de Setembro, coincidiram com um panorama de pensamento que vinha de trás e no qual se inscreveram de forma pregnante. Para os incêndios de Roma, as questões do cristianismo e das religiões orientais no império. Para o 11 de Setembro, o debate sobre globalização e choque de civilizações. Para 1755, o desafio colocado pelo iluminismo às relações entre religião e natureza.

Gostaria de resumir dois esclarecimentos adicionais sobre a noção de "panorama de pensamento".

Em primeiro lugar, "pensamento" não é aqui utilizado apenas na sua função corrente de figura de estilo para designar o trabalho erudito de filósofos ou autoridades literárias, mas para englobar todo o enquadramento mental, do mais chão ao mais metafísico, de um determinado fenômeno. Por isso dizia atrás que esses acontecimentos levam a uma reflexão de todos, praticamente sem exceção, sobre determinados temas (bem e mal, acaso e necessidade, temor a Deus e administração da República). Essa reflexão dá-se mesmo que dela nos não apercebamos ou que a desvalorizemos enquanto manifestação trivial ou quotidiana: o Terremoto de 1755 esteve na origem tanto de obras de Voltaire ou do jovem Kant como de simples livros-amuleto que se penduravam ao pescoço contra terremotos — houve pensamento por detrás de cada uma dessas expressões.

Os livros-amuleto serviam para ser usados junto ao corpo como proteção — mais do que para ser lidos — e eram muitas vezes acompanhados de objetos, relíquias (um pedaço de madeira alegadamente provindo da cruz de Cristo, terra apanhada junto ao túmulo de um santo) e listas de letras com os nomes de Deus protegidos por cruzes. O espécime que a imagem acima reproduz tem por título *Palavras Santíssimas, e Armas da Igreja* e foi encontrado numa coleção familiar em Goa, ainda dentro da bolsa de veludo presa a uma fita do mesmo tecido que certamente serviria para trazer todo o conjunto preso ao pescoço. No entanto, foi impresso em Lisboa e a sua data de publicação é de 1760, apenas cinco anos depois do Terremoto, o que explica certamente a propaganda que os editores fizeram das suas "especiais virtudes contra terremotos". Em resumo, ainda que o livro-amuleto não tenha saído da pena de Kant, não deixa de ser uma resposta cultural ao Grande Terremoto, e com densidade e ramificações mais ricas do que seria de esperar à partida.

A segunda anotação é a seguinte: ao contrário do que normalmente fazemos, é um equívoco pensar-se que o pensamento seja um puro produto do espírito, etéreo ou imaterial. O pensamento começa e termina bem ancorado ao mundo físico: tanto o *Poema sobre o Desastre de Lisboa* de Voltaire como o *Exercício devoto contra raios, tempestades e terremotos* são, no fim de contas, papel e tinta impressa. Para o pensamento, tem a maior das relevâncias o fato de se tratar de papel e tinta impressa, em vez de tinta escrita sobre pergaminho como nas cópias medievais da carta de "Séneca" a "Paulo", ou de sequências de *bits* alojadas num servidor de internet algures no mundo ou de elétrons varridos por um tubo catódico contra uma tela de televisão, como aconteceu em muitas das notícias sobre o ataque a Nova Iorque.

E assim entramos já no segundo eixo que faz com que, globalmente e do ponto de vista cultural, certas catástrofes sejam mais especiais do que outras, gostemos ou não do fato: a sua articulação com os *media*. É verdade que cada um desses acontecimentos — Roma, Lisboa, Nova Iorque — ganha nova relevância se visto pelo prisma de um debate intelectual prévio, e levanta fervura por chegar num grau de maturação de um determinado panorama de pensamento. Todavia, não devemos esquecer-nos de que ele se propaga através de uma paisagem de comunicação que é muito própria de cada uma das épocas, com as suas constelações de *media*, suportes de informação e tecnologias respectivas, ao ponto de praticamente não podermos imaginar um 11 de Setembro sem internet ou um Terremoto de 1755 sem gazetas. Pela sua contiguidade e uso repetido, os *media* colaram-se ao objeto que veicularam.

Não foram estranhas ao choque provocado pelo ataque de 11 de Setembro de 2001 e pelo *tsunami* de 26 de dezembro de 2004 as circunstâncias que facilitaram, de diversas formas, a disseminação rápida e massiva de comunicação a respeito desses acontecimentos. Consideremos, por exemplo, que o embate do segundo avião no World Trade Center foi visto em tempo real; no caso do *tsunami* de 2004, lembremos que o próprio fato de a catástrofe ter sido transfronteiriça e ter vitimado gente de várias nacionalidades, incluindo foras-teiros, potenciou a dispersão rápida de informação — ao contrário das catástrofes ocorridas na China no início da década de 1970, mais fatais em termos numéricos, mas cujo perímetro foi selado a jornalistas e até a socorros estrangei-ros pelas autoridades. Veremos nos próximos capítulos que as cartas, folhetos e livros impressos são tão constitutivas para o Grande Terremoto como a televisão para o ataque a Nova Iorque, a internet para o *tsunami* de 2004 ou os ru-mores sobre Nero para os incêndios de Roma.

Isso nos leva a uma consideração final sobre o papel do Grande Terremoto no processo de globalização. Disse-se que o mundo "sentiu como um todo" o ataque de Nova Iorque ou a catástrofe do Índico porque a globalização aproximou fisicamente (ainda que não mentalmente) toda a população do planeta. Devo assinalar, porém, que "globalização" não aparece aqui enquanto resultado da integração económica crescente entre mercados de bens, serviços e capital que antes estariam confinados geograficamente. No quadro deste livro, utilizo "globalização" no seu sentido inaugural, cunhado por Marshall McLuhan, a partir do qual a globali-zação é um efeito do aumento da velocidade de informação, que resulta numa percepção de proximidade física. Os acontecimentos de 2001 ou 2004 foram vividos em simultâneo por virtude dessa disseminação extremamente rápida de informação, e amplificados ainda pela diversidade crescente de canais de comunicação. O Terremoto de 1755 teve também a sua inscrição num determinado panorama de *media*, favorecido desde logo pelo fato de Lisboa ser um porto acessível e plataforma das grandes rotas de navegação, famoso pela abundância real ou imaginada de mercadorias e fortunas em metais preciosos — aspectos muito evocados após o sismo, nomeadamente pelos estrangeiros.

Sem esse panorama — que ganhou forma através de correspondências manuscritas e impressas em folhetos, gazetas à escala pan-europeia e relatos orais de marinheiros e outros viajantes, e que foi precedido pelos próprios efeitos sísmicos do terremoto e do maremoto em boa parte da Europa e do Norte de África — o Terremoto de 1755 não teria sido *este* terremoto. Os folhetos fizeram o Terremoto — o meio já era a mensagem, mesmo há 250 anos atrás. Veremos como testemunhas lisboetas se indignaram com os ecos exagerados e irrealistas da catástrofe, que se geraram desde Coimbra até ao resto da Europa e suas colónias. Mas o terremoto impresso foi aquele que em grande parte deixou doutrina e pensamento. Ou seja, os lisboetas (e os algarvios, os andaluzes e os magrebinos) podem ter vivido o terremoto real, mas o resto do mundo viveu o Grande Terremoto, que era aquele dos *media* que tinham disponíveis. Quão indignadas não ficariam agora essas testemunhas locais se vissem que o objeto do historiador da cultura é por vezes mais o Terremoto descrito, que ficou impresso, do que o sismo real a que elas sobreviveram?

Aproximamo-nos assim, a passos largos, dos objetos do próximo capítulo: sismos imaginados (*desimaginados*, para ser mais correto), cidades impossíveis e futuros alternativos.

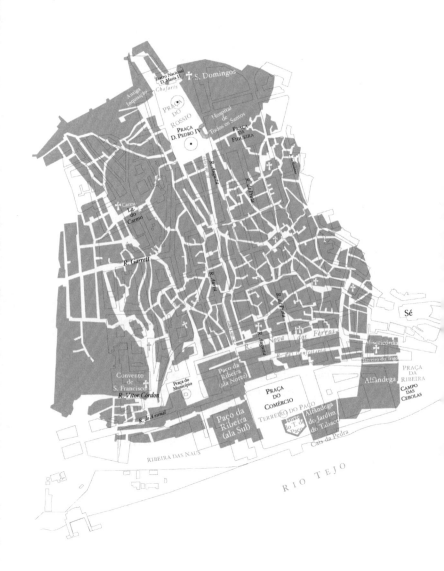

Lisboa pré-1755 e hoje

▪ *Pré-1755*   ☐ *Hoje*

.2.
E se não houvesse Terremoto? Contra fatos há argumentos — Percursos numa Lisboa imaginária e numa história sem Pombal

UMA DAS MANEIRAS de averiguar acerca da importância de uma coisa é imaginar como seria o mundo sem ela.

O Terremoto de 1755 alimentou uma série de controvérsias e de debates no contexto do iluminismo. Se não tivesse ocorrido, outras razões teriam feito essas controvérsias. Podemos perguntar-nos, contudo, se algum outro acontecimento teria sido delas tão emblemático, sintético e evocativo. Não podemos, desde logo, dissociá-las das opções bem concretas que tiveram de ser tomadas no momento imediatamente após o Terremoto. Como reagir perante este acontecimento imprevisto e brutal? Se acreditássemos que a terra se tinha agitado porque não tolerava mais comportar as vidas pecaminosas que se levavam à superfície — "já não podia sustentar tanto vício", como se defendeu então — a prioridade seria promover novenas. Caso contrário, a prioridade seria organizar enterros rápidos para evitar a propagação de epidemias. As ideias têm consequências imediatas. Se o Terremoto não tivesse acontecido, tais consequências não teriam sido encaradas naquele momento, e a evolução do debate de ideias seguiria um curso diferente.

Recuperemos por um instante o diálogo imaginário que mantivémos no capítulo passado entre uma personagem a que, para os efeitos pragmáticos pretendidos, chamamos fatalista e outra hiper-cética, ou pirronista. É de esperar que, para o fatalista, o esquema geral das coisas não se altere demasiado se lhe retirarmos ou acrescentarmos um pormenor. Os pormenores podem variar, mas as disposições (ou "sistemas", ou "estruturas") mais profundas das sociedades e das culturas dirigem-se para os seus resultados necessários. Seguindo essa linha de pensamento, é certo que o Grande Terremoto proporcionou, por exemplo, que se manifestassem as explicações naturalistas para esse tipo de fenômenos — por oposição às explicações que faziam do Terremoto uma expressão da "vontade de Deus". Mas elas já estavam, de certa forma, em latência. Se não tivessem emergido com o Terremoto de Lisboa, tê-lo-iam feito noutra ocasião, e a diferença seria pequena. A explicação naturalista dos terremotos não nasce de forma *ad hoc*, mas como um processo — não começou em Lisboa e não terminou com o sismo de São Francisco em 1906, quando finalmente foi proposta a teoria tectônica dos sismos.

Imagino que o pirronista pudesse replicar lançando mão da relação entre a catástrofe e os "grandes homens", que também exploramos atrás. Alegaria que do Grande Terremoto saiu o marquês de Pombal. Sem Terremoto, não haveria Pombal; sem Pombal, as coisas seriam diferentes de Portugal a Goa, passando pelo Brasil. A história é uma cadeia interminável de acontecimentos, mas está presa por fios. Se cortarmos um dos fios já não podemos dar por certo acontecimento algum.

Como é evidente, isso não deixaria o nosso fatalista sem resposta. Contornaria o exemplo do "grande homem", dizendo que o indivíduo Pombal é, em si, menos importante do que o somatório de todos os constrangimentos intermináveis da realidade social. Mas lembraria também que nunca tinha defendido que a história permanecesse inalterada se se retirasse um ou outro acontecimento, e que a sua diferença em relação ao adversário é apenas de grau. Não poderia ser *tudo* igual, claro; seria ingénuo supor que fosse tudo diferente.

Admita-se que sem Terremoto algumas coisas teriam forçosamente de ser diferentes, nomeadamente as que estão presas à catástrofe por relações de causa e efeito. Agora que encontramos um compromisso entre ambas as posições, a questão estaria em encontrar os tais nexos de causalidade, tendo a consciência de que eles se vão tornando cada vez mais ténues com o tempo, apesar de certas consequências poderem ser de longuíssimo prazo. Para dar um exemplo ostensivamente prosaico, um mosquito acabou de morrer esmagado acidentalmente entre um dos meus dedos e a letra "e" deste teclado, enquanto eu escrevia a palavra "acontecimento" no parágrafo anterior — o que certamente não teria ocorrido se não houvesse Terremoto e eu não me encontrasse a escrever este livro. Fico aqui perplexo, observando o azarado inseto e perguntando-me: deverei comunicá-lo à posteridade como a vítima mais recente do Terremoto de 1755, mais um elo da extensíssima cadeia de realidade inaugurada pelo Desastre de Lisboa? Um acontecimento insignificante, dir-se-ia — mas o interessado talvez objetasse.

Costuma dizer-se que contra fatos não há argumentos. Um subgênero historiográfico conhecido por "história contrafactual" faz exatamente o oposto, substituindo fatos por argumentos. Este capítulo tentará um exercício deste tipo, apagando o Grande Terremoto da história e mantendo tanto quanto possível inalterados todos os restantes elementos. Para adiar os problemas mais bicudos, começaremos pelo território consensual: uma vez que o Terremoto destruiu todo o centro de Lisboa, uma das coisas que seria forçosamente diferente seria a geografia da cidade. Sabem todos aqueles para quem a cidade de Lisboa é familiar como a grelha urbana que resultou do Terremoto é ainda, passados dois séculos e meio, perfeitamente legível na parte baixa da cidade. Os trajetos, vistas e comunicações que permite, bem como os seus monumentos e espaços livres, conformam e determinam as possibilidades de vida dos habitantes e outros visitantes. A nossa realidade paralela terá de contar, assim, não só com um mosquito a mais, mas com lisboetas diferentes vivendo numa Lisboa diferente, visitada também de forma diferente. Só depois de tratarmos dessa Lisboa de 2005 — sem Terremoto — regressaremos ao século XVIII para averiguar as diferenças entretanto passadas.

Um dos temas colaterais deste livro tem precisamente a ver com as relações entre o muito pequeno e o muito grande, o cruzamento entre as vidas individuais e aquilo que por vezes escrevemos com maiúsculas, a História. Ao ver cair as Torres de Nova Iorque, muitos murmuraram para si mesmos que aquele era um dia "histórico". Porém, a sensação de historicidade acrescida não terá impedido algumas dessas pessoas de se recordarem como tinham mudado as datas das suas férias em Nova Iorque. Muitos nova-iorquinos, nos dias seguintes, lembraram com alívio que se tinham atrasado na sua viagem diária para o emprego. Não existe contradição entre estes dois planos da experiência histórica.

Entre o minúsculo e o enorme, o trivial — ou seja, o minúsculo reiterado — tem também consequências consideráveis. A repetição quotidiana dos mesmos gestos vai instituindo práticas coletivas, hábitos e rotinas que por sua vez se naturalizam e cristalizam em formações sociais, hierarquias e realidades políticas. A relação entre os indivíduos e essas disposições é também, na maioria das vezes, mediada por experiências quotidianas e aparentemente banais: percorrer ruas, obedecer a regras de comportamento, usar dinheiro para pagar uma multa, subir uma escadaria para entrar na sede de uma empresa importante. Numa descrição de São Luís do Maranhão, o padre António Vieira lastimava "todo aquele bulir, todo aquele andar, aquele concorrer às praças e cruzar as ruas; aquele subir e descer as calçadas, aquele entrar e sair sem quietação nem sossego" que para ele era "andarem buscando os homens como hão-de comer e como se hão-de comer" — palavras duras para qualificar a circulação sanguínea de uma cidade.

Uma metáfora mais otimista, porém igualmente penetrante, de como o acumular de rotinas, trajetos, hábitos e pequeníssimas experiências — em suma, o reforço constante das relações dentro da cidade — constitui a essência da experiência urbana encontra-se numa das cidades inventadas por Italo Calvino para os seus diálogos imaginários entre Marco Polo e Kublai Khan. Ersília, explica o viajante veneziano ao imperador mongol, é uma cidade notável pelo gigantesco emaranhado de fios coloridos que se estendem entre os seus edifícios. São os próprios ersilianos que vão estendendo esses fios entre as suas casas de acordo com a relação entre os ocupantes de cada habitação. Se o habitante de uma casa é subordinado de outra, estende-se um fio de certa cor; se a relação é de parentesco, estende-se um fio de outra cor; um namoro leva um fio de uma terceira cor; relações de clientela, profissionais, de amizade ou mero conhecimento casual exigiriam novos fios. No momento em que já não se consegue cruzar a rua sem se ser detido pelos incontáveis fios que embaraçam os trajetos dos ersilianos, os habitantes desmontam as suas casas e reedificam a cidade noutro lugar até todo o processo se repetir. Deixam apenas os fios, que representam todas as relações que ali se estabeleceram. Nada mais é necessário, pois essa é a alma cristalizada da cidade, que Calvino descreve como "teias de aranha de relações intrincadas em busca de uma forma".

Consideremos o quotidiano de uma cidade como Lisboa, se não tivesse havido Terremoto em 1755, e transportemo-lo para uma época paralela à nossa, numa realidade potencial que contivesse todos os outros acontecimentos históricos que não fossem impossibilitados pela inexistência do Terremoto. Qual seria a experiência deste automobilista exasperadamente parado no trânsito ou dessa utilizadora de telemóvel distraída que é uma lisboeta atual?

Acabada de desembarcar na cidade, vinda de um dos barcos que chegam da Margem Sul e atracam na doca Côrte-Real

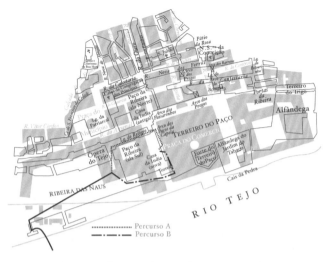

Lisboa "sem" o Terremoto: do Corpo Santo ao Terreiro do Paço

▪ Lisboa como ela é   ☐ Lisboa sem o Terremoto

(pelo nome do palácio que ainda ali existe), caminha junto ao rio em direção à nascente. À sua direita tem o Tejo; à esquerda aproxima-se a fachada barroca de um edifício monumental, alto e comprido, que se desenvolve paralelamente ao rio. A parede virada a sul está coberta de faixas comemorativas que descem desde os telhados do edifício até quase ao chão e que se leem perfeitamente, mesmo à distância: "Ópera do Tejo — 250 anos". A velha casa de espetáculos, agora renovada para a comemoração do seu aniversário, é o principal monumento que o reinado de dom José 1 legou à cidade. As festas do aniversário foram em maio, mas a Ópera do Tejo — inaugurada em 1755 sob o nome de Real Casa da Ópera — continua durante todo o ano a proporcionar espetáculos a preços reduzidos. A nossa protagonista podia entrar para comprar bilhetes. Conhece bem a sala, que a encanta pelos seus magníficos dourados, mas está apressada. Nós também não entramos, guardando-nos para o próximo capítulo.

Amália — porque não escolher-lhe esse nome? — segue em frente, direito ao nosso primeiro problema: devemos imaginar que o Paço Real ainda avança até ao rio, tapando-lhe a passagem? Em caso afirmativo terá de subir para norte pelos terrenos que em tempos foram um pomar real e onde os príncipes descansaram à sombra de laranjeiras. Aí passará em frente à sede do patriarcado, a antiga Capela Real de dom João v, e fletirá para a direita para encontrar o arco que domina o largo do Relógio e dá acesso ao Terreiro do Paço e à parte oriental, passando sob o passadiço que une a ala norte (manuelina) e a ala sul (filipina) do Paço da Ribeira.

Mas estamos em 2005 e talvez não seja possível ter mantido o Paço assim tão junto ao rio, impedindo a passagem mais direta entre as duas metades da cidade. Será mais plausível que uma regularização do leito do rio tenha determinado o lançamento, como na nossa Lisboa "real", de uma rua marginal. A margem lisboeta do Tejo, até ao século XIX, era irregular. Nela desaguavam ribeiras que foram entretanto tapadas, havia reentrâncias, praias fluviais, até uma enseada, na zona do Calvário, onde a força das marés era aproveitada para fazer funcionar um moinho.

Palácios e frentes de casas davam diretamente para o rio e cortavam as estradas marginais. Quem quisesse vir de Belém até Lisboa teria de passar por várias pontes que cruzavam outros tantos cursos de água: na Junqueira; no Calvário; em Alcântara. A ligação entre a cidade e o rio era intermediada em grande parte por extensos areais; as marés atrapalhavam a aproximação dos barcos maiores à cidade. No Terreiro do Paço existia um cais recente — o Cais da Pedra, junto à Alfândega. No Bairro de São Paulo os boqueirões — verdadeiros canais — avançavam para o interior da cidade. Tudo isso acabou por desaparecer, mas não por causa do Terremoto (se excetuarmos o caso especial do Cais da Pedra), de forma que em obediência às nossas regras do jogo teremos de supor que também na nossa realidade paralela a margem do Tejo tenha sido regularizada pelos grandes aterros e obras portuárias de finais do século XIX e inícios do XX, destinadas a criar infraestruturas de apoio ao grande tráfego marítimo internacional.

Ou então podemos simplesmente supor que houvesse pelo menos um passadiço para pedestres — como tinha havido já no século XVII — que deixasse Amália contornar o torreão sul do Paço (chamado de Terzi, pelo nome do seu arquiteto), junto à água: façamos Amália usar esse caminho, não perdendo o Tejo de vista, para desembocar no Terreiro do Paço.

Aqui nada de novo, pensará o leitor, o Terreiro do Paço existe ainda, conheço-o muito bem. Puro engano: o Terreiro do Paço deixou de existir pouco depois do Terremoto. O que existe em parte do seu lugar, e como seu equivalente funcional, é a praça do Comércio. Que praticamente todos os portugueses se refiram ainda a essa praça — que não é exatamente um "terreiro", e que não tem "paço" — pelo nome que deixou de ter há quase 250 anos é uma demonstração do poder que têm as representações chegadas do passado.

Realizo uma pesquisa em www.google.pt. Hoje "Terreiro do Paço" ganha com 81.400 menções contra 52.800 de "praça do Comércio" nas páginas nacionais, apesar de todas as instâncias oficiais (endereços de ministérios, por exemplo), em que a forma correta deve ser obrigatoriamente utilizada. O passado ganha ainda ao presente, e em nenhuma ocasião isso é tão visível como na lamentação mil vezes repetida contra o "terreiro do paço" enquanto sede do poder central. Políticos queixam-se do "terreiro do paço"; funcionários esperam por um "telefonema do terreiro do paço"; colunistas em jornais argumentam sobre, contra, a favor, do "terreiro do paço". O "terreiro do paço" é a permanência fantasmática de um Terreiro do Paço que já não existe, sublimado por uma arquitetura e uma simbologia do poder pombalista criada para a praça do Comércio, que efetivamente existe.

Mas agora, lembro, não estamos na praça do Comércio. Não houve Terremoto de 1755 e a praça não precisou de ser reconstruída. Estamos num verdadeiro terreiro, um espaço livre, mais comprido que largo; os edifícios não são uniformes; à esquerda os edifícios da antiga Casa da Índia, que se situava por debaixo da ala manuelina do Paço, possuem linhas de arcadas no piso térreo, mas os restantes edifícios em direção à nascente não são monumentais; em frente, o edifício da Alfândega é um corpo longo que avança em direção ao rio e fecha o Terreiro a nascente. E, nas costas de Amália, o Paço Real.

Esse palácio não é exatamente o Paço da Ribeira mandado construir pelo afortunado rei dom Manuel I, embora seja o seu herdeiro. Cerca de 1500 o Paço da Ribeira acompanhava o casario da cidade, paralelo ao rio, por cima da Casa da Índia, que a nossa lisboeta imaginária observa a norte. Para lá do Paço desembocavam as ruas Nova do Almada e dos Ourives do Ouro, que ligavam (nessa Lisboa como na nossa, "real") o Terreiro à parte alta da cidade e ao Rossio, respectivamente. Dom Manuel I tinha então os seus aposentos favoritos por cima da Casa da Índia, onde se guardavam canela e pimenta, tapeçarias, ouro e espingardas. A partir desses aposentos estendia-se um longo braço para o rio, uma estrutura em três andares graciosamente ritmada por uma arcada no piso térreo e colunatas nos superiores.

Os dois andares superiores serviam de passadiço para levar o próprio rei ou os seus emissários até aos barcos ancorados no Tejo. No rés do chão cada arco era ocupado por uma loja diferente, exceto o primeiro, que deixava passar os transeuntes entre as duas metades da cidade.

Quando dom Filipe I de Portugal, II de Espanha, decidiu visitar os novos súditos portugueses e residir em Lisboa por uns meses no ano de 1581, pensava que esse corpo que avançava para o rio era o verdadeiro palácio. Estava enganado, tal como grande parte dos observadores posteriores, ao tomar o passadiço pelo palácio. Contudo, para Filipe I, dono do maior império que a humanidade já vira, era fácil fazer com que até um equívoco se tornasse realidade. Chegou acompanhado de arquitetos — entre eles Juan de Herrera — e deu início a obras no Paço Real, de forma a garantir que o espaço perpendicular ao rio se tornasse habitável. E quando o seu neto, Filipe III, visitou a mesma cidade em 1619 já o palácio tinha outra grandiosidade: o antigo passadiço fora alargado e até acrescentado com um corpo central quadrangular a meio, e fechado junto ao rio com um torreão massivo. O Paço Real recebeu mais obras de vulto quando dom João V conseguiu junto do Vaticano que o Arcebispo de Lisboa passasse a ser Cardeal Patriarca e uma nova catedral foi necessária para a diocese de Lisboa Ocidental. Utilizando os proventos das recentemente descobertas minas de ouro do Brasil, dom João v fez a capela patriarcal junto ao seu próprio palácio real. Uma rua foi rasgada no dorso do Paço, entre o largo da Patriarcal e o Terreiro.

Como nesta realidade paralela o Terremoto de 1755 não ocorreu, é possível que a evolução do Paço Real "da ribeira" não tenha parado por aqui. O Paço que a nossa lisboeta contempla há já uns bons dez minutos, pois realmente é um edifício impressionante, deve ter sofrido algumas adaptações por parte dos subsequentes monarcas da dinastia de Bragança, que lhe terão dado algum paladar oitocentista, talvez romântico. Vamos também firmar que nesta realidade paralela a República não deixou de ser implantada, a 5 de outubro de 1910. É então possível que o palácio real, depois de devidamente expropriado dos seus hóspedes, e seguindo uma tradição europeia comum, se tivesse tornado num museu para colocar à disposição do público a sua riquíssima coleção de arte. Foi assim com o Louvre e o Prado; seria talvez assim com o Paço da Ribeira se o edifício — com as suas coleções de arte — não tivesse desaparecido em 1755.

Os autocarros param em frente ao Paço, agora Museu da Ribeira, para largar os turistas. A nossa lisboeta junta-se a eles. Passa pelas bilheteiras e atravessa galeria após galeria, sem praticamente olhar para as peças expostas, que já conhece bem.

Finalmente, entra na sala da biblioteca real que dom João v iniciou. Está aqui guardada uma riquíssima coleção de manuscritos e livros raros. A nossa lisboeta tira da mala o seu computador portátil, liga-o à eletricidade e põe o telemóvel no silêncio. À sua frente está um manuscrito medieval, a única cópia das *Institutiones Oratoriae* de Quintiliano que chegou aos "nossos" dias, depois de ter sido encontrada por um monge francês no século xv e de ter andado de biblioteca em biblioteca até dom João v a comprar ao duque de Marlborough, após três anos de negociações.

E daí, pode ser que não. Talvez a biblioteca tenha sido levada para o Rio de Janeiro quando a família real fugiu às invasões napoleónicas. Pode ser que essas invasões tenham levado uma parte da coleção de arte para o Louvre. Ou pode ser que um terremoto — em 1756 — ou um incêndio algures no século xix tenha destruído o Paço Real. Talvez as *Institutiones Oratoriae* tenham mesmo desaparecido irremediavelmente. A história hipotética — história contrafactual, como lhe chamam os historiadores profissionais — tem as suas enormes limitações.

Ao fim do seu dia de trabalho, Amália sobe até ao Rossio, atravessando toda a Baixa. É uma Baixa irreconhecível para nós, habitantes do mundo pós-Terremoto; o mais lisboeta dos lisboetas perder-se-ia por aqui. As ruas são estreitas e sinuosas, adaptando-se ao relevo (a Baixa só foi terraplanada no "nosso" mundo), um pouco escuras até, porque os prédios são altos e só deixam entrar a luz do sol a poucas horas do dia. Em alguns casos, poucos, mantêm nomes que reconheceríamos hoje — ruas do Ouro e da Prata etc. —, mas as suas configurações e localizações são inteiramente diferentes. Até à rua do Ouro a malha urbana não se distingue da que desce desde a colina da Sé. Para poente dessa rua, as vias simplificam-se um pouco, à medida que sobem para a parte alta da cidade; há menos becos, as ruas novas são mais largas e sobretudo menos esquinadas. Ainda assim, é enganoso chamar "quarteirões" a blocos de casas que raramente têm uma forma regular. Retângulos e grelhas ortogonais só à medida que

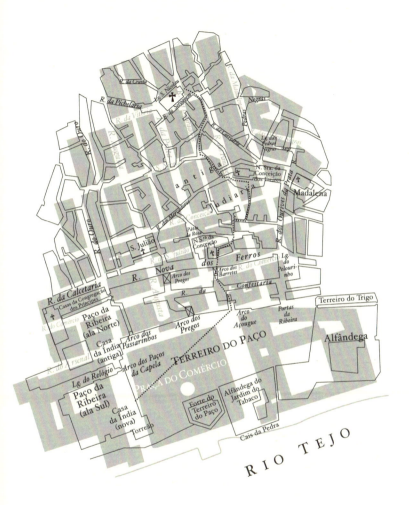

Lisboa "sem" o Terremoto: a Baixa, do Terreiro do Paço à igreja de São Nicolau

nos aproximamos das antigas muralhas da cidade e, principalmente, para lá delas, no Bairro Alto de São Roque.

Amália precisa de chegar ao Rossio mas já não tem pressa. Em vez de utilizar a única rua que liga diretamente as traseiras do Terreiro ao Rossio — a oblíqua rua do Ouro — avança um pouco mais pelo Terreiro e entra no casario através do Arco do Açougue, que dá acesso à rua da Confeitaria e, a partir desta, passando sob o Arco dos Barretes, à rua Nova dos Ferros. A rua da Confeitaria e a rua Nova dos Ferros são duas ruas de comércio importantes. Receberam alguns dos primeiros cafés, botequins e — evidentemente — confeitarias da cidade; ambas possuem arcadas que abrigam os transeuntes durante as chuvas. A rua da Confeitaria é estreita e escura. A rua Nova dos Ferros é larga e recebe edifícios mais imponentes. Para além dela, Amália contorna a igreja da Conceição (Nova) e introduz-se nos becos e ruelas da antiga Judiaria de Lisboa: os becos do Lava-Cabeças, dos Agulheiros ou da Sardinha e as ruas da Gibitaria, dos Mercadores ou da Tinturaria. Nos degraus da Conceição Velha estão sentados alguns turistas, meio hesitantes em embrenhar-se mais nas ruas esconsas. Amália sobe a rua da Tinturaria até à igreja de São Nicolau; aqui pode respirar-se numa pracinha simpática, quase hexagonal — não há formas regulares —, antes de seguir pela rua da Cutelaria até ao beco da Comédia.

Para nos localizarmos, talvez valha a pena notar que, enquanto sobe a rua da Cutelaria, Amália acompanha na "nossa" Lisboa real (que naturalmente não existe) o território invisível da rua dos Douradores que Fernando Pessoa atribuiu a Bernardo Soares:

> ... se a rua dos Douradores representa para mim a Vida, este meu segundo andar, onde moro, na mesma rua dos Douradores, representa para mim a Arte. Sim, a Arte, que mora na mesma rua dos Douradores, porém num lugar diferente, a Arte que alivia da vida sem aliviar de viver, que

é tão monótona como a mesma vida, mas só em lugar diferente. Sim, esta rua dos Douradores compreende para mim todo o sentido das coisas, a solução de todos os enigmas, salvo o existirem enigmas, que é o que não pode ter solução.

Pessoa obrigou Bernardo Soares, que era uma personagem de ficção, a subir e descer intermináveis vezes esta rua, interrogando-se sobre a vida vivida, que era falsa, a vida sonhada, que era a verdadeira, e a rua dos Douradores enquanto realidade sonhada ou só real. A nossa personagem de ficção, para quem a rua dos Douradores não é sequer sonhada, e

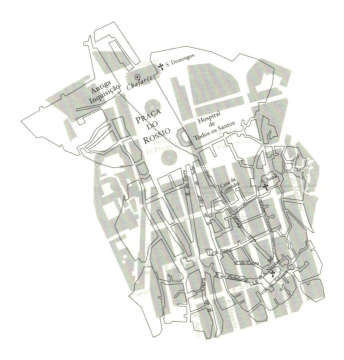

*Trajeto por uma Lisboa "sem" Terremoto:
a Baixa, da igreja de São Nicolau ao Rossio*

que vive numa Lisboa que não poderia em consequência ter produzido um Bernardo Soares, vira-nos as costas a nós, entidades irreais, e entra no beco da Comédia.

Deveremos imaginar que ainda existe a Casa da Comédia, lá ao fundo do beco, na esquina com a rua das Arcas? Nesse caso este teatro de 1594 seria o mais antigo da cidade, anterior à Ópera do Tejo e ao Teatro do Bairro Alto. Mas é duvidoso que tenha completado os seus 409 anos. Amália desce o beco das Comédias, entrando em todas as lojas de um lado e do outro da rua. Finalmente, entra na rua das Arcas para subir até ao largo da praça da Palha e, depois dele, chegar finalmente ao Rossio.

Todo o lado nascente da praça é ocupado por uma enorme massa retangular de onde se destaca uma escadaria semioctogonal bastante alta, com cerca de uma trintena de degraus, que leva a um belo pórtico manuelino. Trata-se do Hospital de Todos-os-Santos, fundado por dom João II, verdadeiramente o edifício marcante da única praça interior da Baixa (não há praça da Figueira, ocupada pelo hospital). O Rossio está cheio de gente a esta hora. No canto de lá, diametralmente oposto à grande escadaria, os antigos edifícios da Inquisição marcam o fim da Lisboa antiga.

Paremos agora para repensar essa descrição. É sabido que a reconstrução pombalina da Baixa, embora forçada pela catástrofe de 1755, se antecipou de certa forma às reconversões planificadas dos centros das capitais europeias durante o industrialismo do século XIX. Paradigma dessas reconstruções é a Paris de Haussmann, prefeito da Região de Paris sob Napoleão III. O seu plano de racionalização da cidade incluiu a abertura de avenidas mais largas, a terraplanagem quase geral do círculo urbano da capital francesa e, em consequência, a obliteração de praticamente toda a urbanização da Paris medieval.

No que diz respeito ao centro de Lisboa pode então defender-se que o racionalismo industrialista do século XIX tenha sido invalidado *a priori* pelo racionalismo iluminista da reconstrução. Embora diferentes, ambos exigiam avenidas largas e regulares; ora, a catástrofe de 1755 acabara por dar lugar a uma reconstrução que contava já com ruas regulares e (embora não tão largas como os *boulevards* haussmanianos) muito mais largas do que muitos julgavam necessário para o século XVIII, grelha ortogonal, fachadas uniformes e prédios com sistemas de saneamento etc.

Também Lisboa contou com uma boa mão-cheia de planos de racionalização. Um deles, como vimos, foi o que regularizou a partir de 1900 a margem direita do Tejo. Sem essa retificação — no sentido próprio que é o de "tornar em recta" — da margem nem sequer Amália poderia ter desembarcado no início da nossa descrição.

A Lisboa que resultou do Grande Terremoto possuía já o seu centro razoavelmente bem servido de geometria. Poderia a Lisboa paralela passar sem uma "haussmanização"? Em caso negativo, o casco medieval da cidade seria arrasado por demolições em massa, terraplanado e refeito segundo os novos cânones durante o século XIX. E a Baixa que Amália atravessou desde o Paço Real até ao Hospital de Todos-os-Santos poderia ser mais novecentista do que medieval.

RESTA AGORA colocar uma questão antiga sobre o Terremoto. Teria Pombal existido sem o Terremoto?

Certamente que em 31 de outubro de 1755 existia já o ministro de dom José I que conhecemos como Pombal. Simplesmente, esse homem chamava-se Sebastião José de Carvalho e Melo e, embora fosse oriundo da (baixa) nobreza, não possuía qualquer título. Foi-lhe outorgado o título de conde de Oeiras em 1759 e de marquês de Pombal em 1769, no auge do seu poderio. Ou seja; Sebastião José de Carvalho e Melo teria existido e teria sido um político importante do século XVIII português. Já Pombal — Pombal é coisa distinta; a revolução que o exercício de poder do marquês de Pombal representou é uma realidade pós-Terremoto. Ter-se-ia verificado sem ele?

Não creio que essa pergunta possa alguma vez ter resposta — mas pode ter respostas.

Para um "fatalista", teria havido um "Pombal", com esse ou outro nome, com ou sem Terremoto. Melhor ainda: mesmo sem Pombal, o tipo de medidas que conhecemos pelo nome geral de "pombalismo" teriam sido tomadas — independentemente de o seu autor ser um ministro poderoso, um monarca esclarecido, uma combinação dos dois ou uma sucessão de diversos governantes. A tendência geral dos reinos europeus era a da centralização, da racionalização e da concentração de poderes na mão do soberano — e vinha pelo menos desde Luís xiv de França. O "regalismo" — a ambiciosa doutrina política que Pombal subscrevia — não era uma formulação idiossincrática mas, antes pelo contrário, uma doutrina com expressões fortes na Áustria (o "josefismo"), em França e até em Espanha. E mesmo Sebastião José de Carvalho e Melo não era uma aberração em Portugal, mas antes um jovem político formado no seio de uma "escola" prática que se desenvolvera em torno de Alexandre de Gusmão ou de dom Luís da Cunha. O "pombalismo" — sob esse ou, naturalmente, sob outro nome — estava entre nós e chegaria à prática do poder; mas mesmo se não o fizesse, teríamos apenas de esperar mais duas gerações para ver triunfar um tipo de pensamento análogo, após as invasões francesas e as revoluções liberais.

O nosso pirronista é, pelo contrário, alguém que não acredita em "sentidos gerais da história". Para ele, qualquer pequeno desvio pode alterar os acontecimentos em sentidos inesperados. Se Cleópatra tivesse um nariz feio, se Pilatos tivesse deixado Cristo sair em liberdade, se dom Sebastião fosse um jovem sossegado... Quem pode garantir que tudo teria sido igual? Concentrado no detalhe, parece-lhe exagerado dizer que o liberalismo é equiparável ao pombalismo, apesar das profissões de filiação dos próprios liberais. Pombal era um crente na soberania do monarca e não da nação — tal deveria bastar para pôr a descrédito quaisquer analogias entre os dois regimes.

São dois retratos propositadamente exagerados. Mas muitos historiadores, nomeadamente durante o século XIX, subscreveram a posição de que sem Sebastião José de Carvalho e Melo não teria havido nada de remotamente semelhante ao pombalismo, e de que sem a prova de organização, perseverança e espírito prático que Sebastião José demonstrou no rescaldo do Terremoto nunca o jovem secretário de estado teria tido a ascendência que alcançou junto de dom José I. Pombal nasceu com o Terremoto para ser ele também, à sua maneira, um terremoto. Outros historiadores, por seu lado, criticaram esta ideia. Ana Cristina Araújo chamou-lhe até "mito do Terremoto-Pombal".

Uma pergunta alternativa talvez ajudasse a ultrapassar esse dilema. Em vez de perguntarmos se teria havido Pombal sem o Terremoto, perguntemos antes: o que aprendeu Sebastião José de Carvalho e Melo com o Grande Terremoto?

Partamos do princípio de que é impossível passar pela experiência de liderar um país após um acontecimento desse gênero sem se sair mudado por ele, ainda que se trate de um político já muito experimentado. Talvez Sebastião José de Carvalho e Melo tenha captado profundamente as vantagens de governar em regime de exceção. O Terremoto, fenômeno natural, soltou as mãos do poder político de uma forma que esse não pode resistir a tentar reproduzir sob modos diversos. Pombal pode não ter sido uma criação do Terremoto; no entanto, o Pombal histórico consolidou o seu poder através do prolongamento e da reprodução do estado de exceção que o Terremoto, de uma forma inigualável, lhe ofereceu em primeiro lugar. A expulsão dos jesuítas e o processo contra os Távora são dois exemplos do tipo de clima que um político hábil não hesita em amplificar para dar o máximo avanço aos seus projetos.

As condições políticas excepcionais que o pós-Terremoto colocou nas mãos de Sebastião José de Carvalho e Melo — em meios, em novo pessoal político e em liberdade de ação — tiveram réplica nos dois terremotos políticos dos Távora e dos jesuítas. Prolongaram-se até à consolidação do regime nos anos 1760, quando Sebastião José era já o conde de Oeiras. Saber se teria chegado a Pombal sem o Grande Terremoto é uma questão menor. É o próprio nascimento do estado moderno em Portugal que teria sido diferente. E mais. A lista de medidas e realizações de Pombal é verdadeiramente extensa e não se limita a ter deixado marcas em Portugal. Dependendo do grau de influência que atribuirmos ao Terremoto na carreira subsequente de Carvalho e Melo, é a história de dois países — Portugal e Brasil — e de outros territórios que teria sido diferente.

A concentração de poderes permitiu a Pombal, ao rei e aos seus partidários tomar medidas que seriam impensáveis pouco tempo antes: aboliu-se a distinção (que levava já mais de duzentos anos) entre cristãos-novos e cristãos-velhos; acabou-se com a escravatura em Portugal (mas não no Brasil ou no resto do império); concedeu-se aos indianos cristãos do império o mesmo estatuto que aos portugueses; procedeu-se a uma operação de desmantelamento da Inquisição, que só se deteve perante a extinção propriamente dita do Santo Ofício.

Algo que provavelmente não teria acontecido — a expulsão dos jesuítas, em 1759. Nada houve de previsível ou inevitável nessa decisão; mas depois de executada e seguida por uma forte campanha de propaganda à escala europeia, os jesuítas foram também expulsos de Espanha e França, e extintos pelo Papa. O alcance dessa expulsão só pode ser completamente compreendido se nos lembrarmos do papel central dessa ordem tanto na empresa colonial como no ensino.

Evidentemente, pode discutir-se se alguns desses acontecimentos não teriam acabado por ocorrer, mais tarde ou mais cedo, e de que forma. Ao mesmo tempo, muitos outros teriam seguido um rumo diferente, da Amazónia a Goa e Macau — ou nem teriam ocorrido de todo —, dando por sua vez origem a muitos outros acontecimentos inimaginados, numa cadeia infinita e impossível de determinar. Não poderemos nunca saber como é que teria sido a história se subtraíssemos ou acrescentássemos uma simples peça, não é? Mas podemos especular — uma das maneiras de nos apercebermos da importância das coisas é pensar como seria o mundo sem elas — oferecendo várias alternativas de histórias possíveis e paralelas. Ao fazê-lo, acabamos por entender como o Terremoto se extravasou e foi importante para nós.

Encenação de La Clemenza di Tito *na Casa Real da Ópera em 6 de junho de 1755, por ocasião do aniversário de dom José I*

·3·
1755: o que há num número — Pequena história de um ano trivial — Tempo cíclico de uma cidade sob proteção divina

O ÚLTIMO DIA DO ANO de 1754 calhou a uma terça-feira. Cantou-se um *Te Deum Laudamus* na igreja de São Roque "em acçam de graças por todas as mercês, e benefícios, que a Divina bondade do Omnipotente foi servida conceder no decurso delle a este Reyno". Compareceu toda a corte; estavam lá as melhores famílias da nobreza, os ministros dos principais tribunais do reino, os prelados e outros altos clérigos da Igreja Católica portuguesa e até os embaixadores e restantes diplomatas das potências estrangeiras representadas na capital. A igreja de São Roque foi decorada com todos os cuidados; a *Gazeta de Lisboa* descrevê-la-ia como "magnificamente armada... a iluminação soberba, e bem ordenada". O templo já estava lotado com um "concurso [de] gente innumeravel" quando chegou a família real para abrilhantar especialmente aquela solenidade. Suas majestades fidelíssimas o rei dom José I e a rainha dona Mariana, acompanhadas por suas altezas, "foram em publico acompanhadas de todos os Senhores da Corte assistir a este piedozo, louvável, e devido acto" de reconhecimento perante Deus por parte de um reino conhecido pela sua devoção constante e leal.

Os músicos e cantores estavam dispersos em pequenos grupos habilmente arrumados em pontos escolhidos da igreja. A um tempo, as vozes juntaram-se e encheram o templo de "muzica excellente", que deliciou aquele auditório feito das melhores famílias e mais importantes individualidades da corte. Depois de se cantarem os últimos compassos e de os circunstantes se levantarem das cadeiras, era como se aquele ano benigno estivesse terminado. Ao sair da igreja, todos se desejavam já iguais felicidades para 1755.

Feliz mil setecentos e cinquenta e cinco?

Para muita gente, esses quatro algarismos querem dizer destruição e morte — *1755* é um signo em si mesmo. Profere-se aquela data para reportar à ruína de Lisboa e a muito mais; a própria história está dividida ao meio por ela. É como se existissem duas lisboas, dois portugais, dois iluminismos e mesmo dois séculos XVIII: antes e depois de 1755.

Pode questionar-se se a história assim resumida faz justiça à densidade real do passado. Se usarmos as nossas próprias vidas como termo de comparação, verificaremos facilmente que não foram dominadas por batalhas, atentados e golpes de estado; aquilo que as ocupa quase sempre é a rotina, os hábitos e as tarefas diárias. Dormir, comer e trabalhar não são atos entendidos como "acontecimentos"; ninguém faz uma entrada no seu diário para escrever simplesmente "hoje dormi" (a não ser que sofra de insónias), "hoje comi" ou "hoje trabalhei". É uma pena, porque a forma como cada uma destas coisas acontece pode dizer-nos muito sobre uma sociedade passada. Para tal existe também um gênero historiográfico, a "história do quotidiano".

Entre uma coisa e outra estará aquilo a que se chama a "pequena história". A pequena história ocupa-se novamente de acontecimentos, embora nem sempre de grande monta. Quinta-feira, 26 de dezembro de 1754: a nobreza, titulares de cargos dos tribunais e clérigos de maior relevo dirigiram-se ao Paço. Beijaram as mãos ao casal real e desejaram-lhes festas felizes, no que foram secundados pelos embaixadores estrangeiros estacionados em Lisboa. Um acontecimento desses, ocorrido cinco dias antes do *Te Deum Laudamus* da igreja de São Roque, é um evento diferenciado o bastante para ter sido julgado digno de registo, mas trivial o bastante para se ir repetindo ao longo do ano, e assim pautando as existências dos seus contemporâneos.

O "nosso" ano de 1755 não existe; ele é uma criação pós--Terremoto. Ora, um terremoto não se prevê, não se anuncia, não se planifica. Não adianta para o historiador ir buscar sinais do que estaria para vir nos documentos que se escreveram antes da catástrofe. Uma guerra, uma epidemia ou uma controvérsia têm, apesar de tudo, sinais desse gênero. É possível ir percebendo a tensão que aumenta, a cadeia de eventos que se desenrola, claro que com aquela cómoda regalia de já sabermos a continuação da história. O Terremoto, não; é uma pura interferência da natureza nas coisas humanas.

Observemos então esse ano de 1755 ainda não contaminado pela força significante do Grande Terremoto. Nas páginas que se seguem resumirei essa "pequena história". Veremos os barcos a entrar e a sair pacificamente da barra do Tejo, trazendo todo o tipo de produtos de quatro continentes. Veremos a vida da corte pontuada pelas ocasiões em que lhe é dada a honra do convívio com o soberano e a sua família. Pelas festividades religiosas, pelos aniversários do casal real ou das princesas e em outros momentos selecionados, lá vai a melhor parte da corte beijar as mãos à família real. Ali estão os secretários de estado, entre eles o dos Negócios Estrangeiros, um ex-embaixador regressado de Viena há uns anos chamado Sebastião José de Carvalho e Melo. Fora do restrito círculo dos grandes do reino, outros aniversários, outros nascimentos, matrimónios e óbitos ocorreram naquele ano, como em todos os anos. Pessoas entravam e saíam de lojas — e podemos imaginar, com um bom grau de segurança, que produtos lá iam comprar — entravam e saíam de teatros — e sabemos algumas das peças que lá viram — entravam e saíam das igrejas — e alguns dos sermões que lá ouviram foram publicados e podemos hoje consultá-los.

No dia 6 de janeiro comemoraram-se os reis magos. Novo beija-mão aos reis e príncipes. Os grandes senhores, os membros dos tribunais e os prelados religiosos dirigiram-se ao Paço Real. Os ministros das potências estrangeiras "lhes fizeram os comprimentos de bons annos que sempre praticam". No mosteiro da Penha de França, na colina mais alta de Lisboa e já quase exterior à cidade, realizaram-se "exequias solemnes á muito Augusta Senhora Rainha Mãy D. Maria Anna Jozefa Antonia Regina de Austria sua ilustre protectora", da responsabilidade e organização da Real Irmandade dos Escravos da Cadeia de Nossa Senhora.

A rainha-mãe, dona Maria Ana da Áustria, entrara em Portugal em grandes festividades no ano de 1707. Durante os anos em que fora casada com dom João v granjeara cada vez maior admiração dos seus súditos e poder real no reino. Após a morte do rei seu marido e enquanto se transferia o poder para o seu filho dom José 1 a sua importância aumentou. Além da Real Irmandade dos Escravos da Cadeia de Nossa Senhora da Penha de França, era protetora de muito mais gente, incluindo um antigo diplomata chamado Sebastião José de Carvalho e Melo. Este ambicioso político, nascido em 1699 e portanto já não tão jovem quanto isso, casara na Áustria com uma senhora da alta nobreza local — a condessa de Daun — quando estivera ao serviço do reino em Viena. Quando o casal chegou a Portugal, a rainha-mãe aceitou imediatamente essa sua compatriota como dama de companhia. E, segundo parece, foi dona Maria Ana que insistiu com o seu filho, depois de este subir ao trono, para que aceitasse Carvalho e Melo como seu secretário de Estado.

A morte da rainha-mãe foi profundamente sentida no ano de 1754, um dos poucos acontecimentos infelizes daquele ano banal, e continuava a ser lembrada em 1755. Um dos temas recorrentes dos números da *Gazeta de Lisboa*, a única folha informativa impressa do reino, dizia precisamente respeito às muitas missas que se iam celebrando ainda, reino e império afora, pela alma da rainha-mãe.

Vejamos o número 3 da *Gazeta de Lisboa* de 1755. Em Grenoble, cidade do Delfinado, ou antes na vila arrabaldina de Thein, a poucas léguas de distância da cidade, ocorrera um tremor de terra, "abalo muy violento, acompanhado de hum estrondo quasi similhante ao de hum trovão. Que a mayor parte das cazas ficaram demolidas até aos alicerces; mas que a isto se reduziu todo o damno; porque se nam sabe que nenhum dos seus habitantes perdesse a vida, nem ficasse ferido".

Incêndios e terremotos faziam parte da dieta informativa dos leitores da *Gazeta*, tanto como os desenvolvimentos das questões diplomáticas e bélicas internacionais.

Soube-se em Veneza que no mês de outubro do ano anterior um violento terremoto tinha atingido a costa do mar Negro. Acontece que numa cidade litorânea afetada estava retirado o imperador otomano, junto do seu harém ou serralho. O sismo, ou aliás os sismos, ocorridos nos dias 3 e 4 de outubro, haviam destruído "a maior parte do celebre Castelo das sete torres... deixando sepultados mais de quatrocentos Janizaros", os soldados do maior império muçulmano. Em pânico perante a possibilidade de novas réplicas do terremoto, o imperador otomano abandonara o seu serralho e passara a habitar uma casa de campo, sendo imitado por toda a corte e embaixadores estrangeiros; "desempararam tambem o suburbio de *Pera*, aonde todos habitam, nam obstâte nam se haverem sentido naquelle sitio os violentos abalos, que em Constantinopla, e em outros lugares da sua vezinhança cauzaram tanto estrago".

É notória uma certa falta de empatia para com as calamidades ocorridas no império otomano, coração do mundo infiel. As catástrofes entre infiéis eram, por assim dizer, naturalizadas pela crença de que ocorriam em território desordenado e caótico porque, precisamente, sem fé no verdadeiro Deus. A atenção dedicada a todo o tipo de catástrofes ou sinais de transtorno (mais adiante neste ano, a morte do grão-vizir) entre os muçulmanos não é exclusiva da *Gazeta*. Qualquer insólito real ou fantasioso ocorrido em Argel, Tunes ou Alexandria, por exemplo, seria de imediato material para um ou mais folhetos "de cordel". Aqui, em textos menos sisudos do que os da *Gazeta*, dava-se largas a especulações místicas sobre o ocorrido. Monstros apareciam e avisavam os maometanos dos seus erros, por exemplo, ou ocorriam calamidades naturais com uma frequência que só poderia resultar da renegação da verdadeira fé.

Em Lisboa, a vida continuava ordenada, como era determinado que fosse. Prosseguiam as atividades da marinha mercante. A 16 de janeiro saiu um comboio de navios para o porto de São Sebastião do Rio de Janeiro. Eram 23 embarcações, protegidas e comandadas por uma nau da Coroa à ordem de um capitão de mar-e-guerra, carregadas de todo o tipo de produtos para venda no Brasil. Um navio solitário seguia com esse comboio para se dirigir a Angola, e outro separar-se-ia mais adiante para o Maranhão. Do porto de Lisboa saíram no decurso da semana 41 navios de diversas nacionalidades.

Do lado das chegadas, temos notícia de vinte navios ingleses, "com Trigo, Centeyo, Cevada, Manteyga, Carnes, Carvam de pedra, e varias fazendas, e entre elles hum Paquebote de *Falmouth* com 3-malas". Lançaram âncora quinze navios holandeses, "com mastros, taboado, queijos, cevada, e varias mercadorias", e acompanhados de uma nau de guerra. E ainda se contaram mais cinco navios franceses ("com milho, cevada, breu e alcatram, e fazendas"), um dinamarquês chegado da província da Noruega (possessão do Reino da Dinamarca) e um navio português vindo da Madeira.

Nem todos os acontecimentos, como é evidente, encontraram o seu caminho até às páginas da Gazeta. Alguns deles não teriam dignidade noticiosa para o seu (ou os seus) redatores. Outros não chegariam ao seu conhecimento devido à sua própria natureza secreta. Um exemplo: a 28 de janeiro de 1755, um clérigo de prima tonsura francês residente em Lisboa, filho de um francês e de uma galega, apresentou-se de sua livre e espontânea vontade à Mesa da Inquisição de

Lisboa, nos estaus do Santo Ofício no Rossio. Os inquisidores estranharam o fato, uma vez que raramente alguém ia pelo seu próprio pé à Inquisição, e lembraram a Aleixo Escribot — assim se chamava — que lhe convinha muito enumerar todas as culpas que tivesse:

> trazelas todas á memoria para dellas fazer huma inteira e verdadeira confissão... para descargo de sua consciencia, salvaçaõ, de sua alma, e bom despacho de sua cauza.

Aleixo tomou a palavra. Tinha sido criado pelos seus pais como católico, mas ultimamente começara a duvidar de certos pontos da fé. Desde logo, não conseguia acreditar na existência do purgatório, "imaginando, ou tendo para si, que podia ser huma invençaõ artificioza, que se inventara para enriquecer a Igreja á custa dos Povos" — com todas as encomendas de missas e orações de que necessitavam as almas para ser passadas do purgatório para o céu. Também tinha dúvidas sobre o sacramento da penitência; não seria ele inútil para a salvação da alma? Mais ainda, duvidava das indulgências concedidas pelo Papa:

> muytas vezes consigo as criticava interiormente, reprovando a credulidade áo Povo a respeito das Bullas Apostolicas, Veronicas, e outras devoções que via aos Catholicos.

Aleixo era mestre de francês e latim em Lisboa, e provavelmente dava aulas particulares. Tinha conhecido um outro professor de francês na cidade, que segundo se lembrava tinha o nome de Leroyvont, mas não sabia dele mais nada: nem primeiro nome, nem nome dos pais, nem sequer lugar de origem (ou pelo menos não o quis dizer aos inquisidores). Leroyvont fora a primeira de duas pessoas a escutar Aleixo sobre as suas dúvidas em matéria de fé, e não aprovara nem reprovara o discurso do seu compatriota, mas sim lhe dera um livro cujo autor Aleixo não soube dizer aos inquisidores uma vez que lhe faltava o princípio e o fim. A segunda pessoa a quem Aleixo contara tudo isso fora a um seu confessor, o padre Lagroer de Rilhafoles (onde é hoje o Hospital Miguel Bombarda), que guardara o livro e lhe tinha dito que este devia ser queimado.

Agora que estava nisso, Aleixo lembrou-se de mais uma confissão: também lhe acontecia duvidar frequentemente do poder do Papa para canonizar os santos, e imaginar que tudo não passava de uma artimanha:

> persuadindose, que isto éra hum invento da Igreja Romana para persuadir aos Catholicos o fazerem obras pias, e boas a fim de conseguirem o serem Santos, ou merecerem ser canonizados.

O mestre de latim e francês jurou sobre os evangelhos que esta era a verdade e assinou a confissão com uma bela letra que ainda hoje se conserva no processo 1.900 da Inquisição de Lisboa, à guarda da Torre do Tombo: "Aleixo Scribot". Foi-lhe dito que examinasse mais a sua consciência e regressasse à Inquisição quando necessário. A 4 de fevereiro foi mandado regressar e passou por um novo interrogatório. Foi perguntado sobre se tinha conhecimento de diversos pontos da fé: sim, sabia deles todos agora e soubera deles também no seu "tempo das dúvidas". Mas confessou que continuava a hesitar sobre a verdade deles, e que refletia longamente sem conseguir "sugeitar o seo juizo ao que a Igreja determina". Os inquisidores perguntaram-lhe há quanto tempo tinha essas dúvidas, e se alguma vez tinha lido sobre elas em algum livro; respondeu imediatamente à segunda parte da pergunta fazendo questão de dizer que não, nunca tinha lido em nenhum livro aquelas argumentações e que tudo era "erro do seu entendimento", de que até tinha dado conhecimento a alguns confessores que não o quiseram absolver. Nos últimos três a quatro meses, depois de uma grave doença que o convencera a mudar de vida, Aleixo tentara resolver o seu problema junto dos religiosos da igreja de São Roque, depois dos frades teatinos, e só depois da Inquisição. Prometia de agora em diante obedecer interiormente aos pontos de fé da Igreja.

No dia 8 de fevereiro saiu o desfecho deste caso, simples para os inquisidores: Aleixo Scribot foi condenado a diversas penitências espirituais e a pagar as custas do processo. Todos os seus bens foram confiscados e pôde sair em liberdade — um resultado misto se considerarmos que Aleixo se dirigiu à Inquisição sem ser obrigado.

Continuam a chegar notícias de Constantinopla, hoje Istambul. De Frankfurt vem uma carta datada de dia 3 de dezembro (passaram dois meses do Terremoto até a carta chegar a Frankfurt, e outros dois antes de ser noticiada em Lisboa) que dá conta de que "huma parte consideravel desta principal Cidade do Imperio Ottomano se acha arruinada, pelos frequentes, e horrorosos tremores de Terra que sentiram nella os seus habitantes". As réplicas não paravam. A 21 de outubro uma delas provocara um incêndio no palácio do estribeiro-mor: em menos de doze horas estava tudo feito em cinzas, e não só o palácio em si mas também "alguns milhares de cazas da sua vizinhança". Os danos poderiam ter sido piores, se para os evitar não se tivesse atalhado demolindo "bayrros inteiros, para que faltasse pabulo às chamas; pelo muito que Sam estreitas as ruas, e conjuntas as cazas" de Constantinopla.

No reino não há notícias terríveis desse gênero. Em Mafra morreu um religioso com noventa e um anos. Era natural de Minde. "Ficou o seu corpo todo flexivel com semblante alegre, e a còr que em quanto vivo prependia para trigueira, se mudou para branca, sem nenhuma aparencia de palida."

Houve um incêndio no Lagar do Sebo, em plena Baixa, perto da rua do Ouro. Nele se perderam três sacos com dinheiro; um tinha dois contos de réis, outro 438 mil e 25 réis, e o terceiro 240 mil réis. Quem achar estes sacos deve devolvê-los a Leonardo Darell e companhia, mas pode guardar um terço do montante como alvíssaras. Darell e companhia passará recibo deste montante ao próprio ou, caso este deseje manter-se incógnito, ao padre ou à congregação religiosa que este usar como intermediários, à escolha entre os jesuítas e os oratorianos.

Foi-se janeiro, entrou fevereiro. Os sacos de dinheiro de Leonardo Darell não apareceram, embora este continuasse a deixar anúncios na *Gazeta*. Os membros da família real, "sem embargo da inclemência da estaçam" fria e chuvosa, estão de boa saúde. Organizam caçadas diariamente e têm matado javalis e veados que enviam depois aos embaixadores dos países estrangeiros em Lisboa.

Na rua da Padaria, entre o Bairro da Sé e a Baixa — ainda existe com este nome —, uma vela caiu em cima do véu do trono do Santíssimo e ia pegando fogo ao altar de uma capela. Temeu-se que o fogo pudesse comunicar-se ao casario, mas nada ocorreu, o que sugeria certamente a intervenção miraculosa do altíssimo: "o mesmo Deos Sacramentado interpoz o seu alto poder, porque se tirou ileza a Sagradia Custodia, e se apagou o fogo".

A morte de dom João v foi há cinco anos mas continua a gerar bibliografia. Chegou agora às lojas de livros lisboetas o volume mandado publicar pelos religiosos da Província de Santo António do Brasil com as exéquias solenes que haviam realizado em memória do rei magnífico nas cidades de Salvador da Bahia, Olinda, Recife e Sergipe. O título é um esplêndido *Gemidos Seraphicos*.

Na rua das Janelas Verdes abriu uma Fábrica Real dos Açúcares Refinados. Pode comprar-se açúcar a 100, 120 ou 160 réis o arrátel, ou melaço a 100 réis a canada. Na rua Direita do Loreto vende-se mais uma oração fúnebre por dom João v.

Chegou março. Leonardo Darell ainda não encontrou os seus três sacos de dinheiro.

No primeiro dia do mês partiu uma frota de catorze navios para Salvador da Bahia, com um carregamento de sal e fazendas. Entraram quinze navios ingleses (alguns deles com manteiga e bacalhau) e cinco franceses. Saíram treze ingleses, três holandeses e um francês. O porto de Lisboa achava-se muito movimentado nesse início de mês; estavam ao largo 89 navios: trinta holandeses, catorze franceses, seis dinamarqueses, cinco suecos, seis espanhóis e um raguzano. No meio de todo este movimento chegou com algum atraso a Lisboa a notícia, velha de quatro meses, de que o sultão otomano morreu e de que foi substituído pelo seu irmão Osmão, que "confirmou nos seus empregos ao Moufti, ao grão-vizir e ao Aga dos Janizaros".

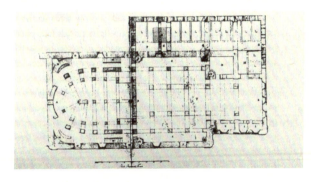

A Real Casa da Ópera foi inaugurada a 2 de abril com a representação de *Alessandro nell'Indie*, de Metastasio e Perez. Os espectadores, que incluíam "a corte em peso, o corpo diplomático e toda a gente grada de Lisboa", como se escreveria mais tarde, acomodaram-se nos cerca de quinhentos lugares distribuídos pela plateia e pelos 38 camarotes. As colunas brancas e os dourados da sala barroca encantaram de tal forma os espectadores que os mais críticos logo lembraram que tanta decoração acabava por desviar a atenção do que se passava em cena. Mas ninguém tirou os olhos do palco quando, numa demonstração do potencial técnico da nova sala, entraram mais de vinte cavalos em cena, introduzidos através dos bastidores, para participarem numa coreografia cuidadosamente ensaiada.

No último dia do mês chegou a notícia de que se convertera ao cristianismo — na cidade de Angra, capital da ilha Terceira dos Açores — um parente desaguisado do imperador de Marrocos chamado Hamet Ben Ali Mansor, que havia fugido para Mazagão, cidade portuguesa no Sul desse reino, e pedido proteção ao rei de Portugal. Passara o resto da sua vida nos Açores, onde viveu no forte de São João Baptista em Angra, resistindo sempre às insistências para que se convertesse ao cristianismo. Um sonho que teve no últimos dias de outubro de 1754, e no qual a Virgem lhe falara, acabou por vencê-lo. Depois de feito cristão, previu com exatidão o dia da sua morte — exatidão aproximada: ao sétimo dia depois de ficar doente — e "rendeu o espirito com evidentes signaes de predestinado entre coloquios ternissimos, e repetidas protestaçoens da fé".

Enquanto a *Gazeta* dava as boas notícias de infiéis convertidos à verdadeira fé, a Inquisição continuava a tratar das más notícias. A 20 de abril veio preso de Setúbal para os calabouços do Santo Ofício em Lisboa um marinheiro que os inquisidores julgavam ser português da Ilha Terceira mas que navegara num navio sueco durante oito anos antes de desembarcar em Setúbal. O homem tinha dito a várias pessoas daquela cidade que ser protestante era melhor do que ser católico "e dizendo, como por desprezo, que couza era ser catholico romano?". As testemunhas chamadas pelos inquisidores de Lisboa não foram conclusivas: para uns André era açoriano; para outros sueco; todos confirmavam que se tratava de um protestante. Quando, a 6 de maio, o próprio se pôde defender, disse em português que tinha sido criado pelos seus pais como luterano na ilha sueca de Vacsomea, e repetiu a mesma frase em sueco para um intérprete (frei Paulo do Santo Elias, carmelita).

Os inquisidores torceram o nariz. Então se tinha nascido na Suécia de pais suecos, como sabia tão bem o português em tão pouco tempo, e como tinha reconhecido o dinheiro português à primeira vista? Com outros marinheiros, respondeu, tinha aprendido ambas as coisas. Garantiu que se fossem ao navio onde tinha chegado encontrariam cartas dele — em sueco — para os seus pais, o que comprovaria que era protestante de nascença e não um católico apóstata — caso que, a confirmar-se, o deixaria em muito maus lençóis perante a Inquisição. E defendeu-se alegando que se, sim, tinha falado de religião aos portugueses era apenas por estar ignorante de que isso constituía um crime.

A 24 de abril, anuncia a *Gazeta*, partiu o navio *São Francisco Xavier* para Goa. Na Quinta das Malhadas, perto de Santarém, morreu aos 106 anos um homem, "da unica doença que teve em toda sua vida". O ano decorria sem outras perturbações senão as que chegavam, naturalmente, do mundo dos infiéis: havia rumores de que navios de corsários da Barbaria haviam apresado um navio que chegava do Maranhão e que rondavam a foz do Tejo. A 14 de maio saíram dois navios de guerra para lhes dar caça. Cinco dias depois faleceu "de huma violenta febre catharral" mas "com todos os sacramentos, grande resignaçam nas disposiçoens Divinas, admiravel paciencia, e evidentes sinaes da sua predestinação" o desembargador frei Sebastião Pereira de Castro, do Conselho do Rei e do Conselho do Santo Ofício.

Por falar em Santo Ofício, o nosso amigo marinheiro conseguiu provar que era sueco, e que se chamava André Hallemberg. Foi admoestado levemente, obrigado a jurar sobre os evangelhos que não falaria de religião com portugueses e posto em liberdade no dia seis desse mês.

Dia 6 de junho era um dos dias mais importantes do ano, por ser o do aniversário do rei, ou melhor, "o anniversario do felis nacimento do Rey fidelissimo nosso senhor". De novo foram até ao Paço Real todos os grandes senhores, ministros dos tribunais nacionais, ministros das potências estrangeiras e embaixadores, para beijar a mão às majestades e altezas nacionais. Depois foram até à nova Ópera assistir a *La Clemenza di Tito*, de Metastasio.

Importante foi a chegada, depois de uma viagem de 79 dias, de um navio procedente de Salvador da Bahia com a notícia de que se encontrava já em terras brasileiras o vice-rei da Índia, o marquês de Távora. Depois de haver cumprido com a sua missão no Estado da Índia, regressava ao reino e à corte, para ocupar o seu legítimo lugar, a mais importante família nobre portuguesa.

A 3 de julho a corte mudou a sua residência para o "Real sitio de Bellem"; dali foi a família real a Queluz assistir a um "primorozo, e soberbo artificio de fogo" e a uma comédia italiana. No domingo seguinte regressaram a Lisboa para assistir de novo a uma ópera na recém-inaugurada Real Casa da Ópera, que foi mostrada para espanto dos "muytos officiaes da Esquadra Franceza que se acha neste Porto".

Da província continuam a chegar notícias das festas que se fizeram, a 6 de junho, pelo aniversário do rei. Em Guimarães fez-se "huma nobre illuminaçam em todos os seus diferentes jardins" de casas da nobreza local. As principais famílias da vila deram um baile em honra d'el-rei.

Em Lisboa já se comemorava outro aniversário: o do infante dom Pedro, irmão do rei e futuro esposo da princesa dona Maria, sua sobrinha (viria a ser o rei-consorte Pedro III), que atingiu a 5 de junho os 39 anos de idade. Toda a nobreza, ministros nacionais e estrangeiros etc. regressaram ao Paço para voltar a beijar a mão à família real. Nos dias seguintes a corte foi regressando a Belém, onde passou o restante mês de julho logrando "a feliz saúde que os seus fiéis vassalos lhes dezejam". Durante os dias 25, 26 e 27 de julho celebraram-se festas no Convento de São Francisco de Lisboa em louvor da confirmação de quatro novos beatos por parte do papa Bento XIV. No dia 28 de julho, a 250 anos exatos do dia em que escrevo estas palavras, faleceu o conde de Sabugosa.

QUASE UM MÊS DEPOIS, a *Gazeta de Lisboa* apresentava a seguinte notícia, que nos dias de hoje certamente ganharia o qualificativo de *politicamente correta*:

Conciderando S. Mag. Fidelíssima quanto convem, que os seus reaes domínios da América se povoem, e que para este fim pode concorrer muito a communicação com os Índios por meyo de cazamentos, foi servido declarar, que os seus vassallos assim os nascidos neste Reyno, como na América, que cazarem com Índias, nam ficam com infâmia alguma, antes se faram dignos da sua real atençam, e nas terras em que se estabalecerem [sic], seram preferidos para os lugares, e ocupaçoens que couberem na graduaçam das suas pessoas; e que seus filhos e descendentes seram hábeis, e capazes para qualquer emprego, honra e dignidade, sem carecerem de dispensa alguma por estas alianças, em que se comprehenderam as que já se acharem feitas antes desta sua declaraçam, e que o mesmo se praticara a respeito das Portuguezas que cazarem com Índios; impondo às pessoas de qualquer qualidade que sejam que os tratarem com o nome de *Cabowelos* [= caboclos], ou outro semelhante, injuriozo, a pena de sahirem desterrados da comarca em que viverem, dentro de hum mez até mercê de Sua Mag. o que recomenda aos ouvidores das Comarcas, e manda ao Vice--Rey do *Brazil*, aos mais governadores do mesmo Estado, e do *Maranham e Parà*, que assi no façam cumprir, por Alvará de ley assignado pela sua Real mam em 4. de Abril do prezente anno, publicado e registrado na Chancelaria mor do Reyno.

Na segunda-feira, 25 de agosto, o Senado de Lisboa ofereceu à nobreza e à população em geral um espetáculo de touros, já o quinto daquele verão, "o que se fez com toda a magnificência que sempre pratica aquelle Tribunal". Uma "profecia" de que as bancadas iriam cair e matar muitos dos espectadores da tourada (como tinha acontecido precisamente um século antes) afastou muita gente do primeiro dia do espetáculo, que prosseguiu até 1 de setembro. No mesmo número, a *Gazeta* dá conta de que em Arrifana do Souza, uma aldeia da comarca do Porto, se guarda presentemente uma mula encontrada perdida há já cerca de quatro meses, e que o

seu dono justificando ser sua, a pòde procurar... pagando a despeza, que tem feito, se lhe entregarà. Pede se por amor de Deos aos curiozos que costumam ler as gazetas queiraõ participar esta noticia nos seus povos.

A 1º de setembro regressou finalmente a frota que havia saído para o Rio de Janeiro no primeiro dia do ano. Os 28 navios largaram amarras do Brasil a 6 de junho — o dia do aniversário do rei — e necessitaram de oito meses certos para uma operação completa de ida e volta ao Rio de Janeiro. Traziam diretamente para os cofres de Sua Majestade o resultado que lhe cabia da mineração brasileira nos 3ais estados de Minas Gerais, Goiás e Mato Grosso: "81 arrobas, 3 marcos, 4 onças e 4 oytavas de ouro em pó, barras e moedas; e para particulares

6 milhoens, 10 contos, 297.815 reis. Em barras e em pò 77 ar-robas, 11 marcos, 6 onças, 3 oytavas e 29 grãos, de maneira que importa todo o ouro que chegou 8 milhoens, 16 contos, 485.815 reis". Vieram junto 835 caixas e 472 fechos de açúcar, couro, marfim, toros de jacarandá, madeiras para tingir te-cidos, barbas de baleia, isso sem contar com os produtos destinados à cidade do Porto. Juntaram-se a esta frota mais sete navios provindos de Pernambuco e uma nau de Macau.

A 14 de setembro a família real continuava em Belém. Celebrou-se com "grande pompa, e magnificência, na Igreja do Real Mosteiro de *Bellem*" a festa de Santa Maria de Belém. "Armou se rica, e ostentozamente aquelle sumptuozo templo", foi celebrada missa por frei Timóteo de Santa Marta Soares, abade daquele mosteiro, e cantaram as melhores vozes da corte acompanhando ao "grande e celebre Musico *Caffareli*". A família real inteira assistiu com "exemplar devoçam" às festividades, bem como "hum grande concurso de gente".

A 19 chegou a frota da Bahia de Todos os Santos com o seu mais ilustre passageiro: "o Illustrissimo e Excelen-tíssimo *Marquez de Távora*, Vice Rey que foy do Estado da Índia Portuguesa, e a Illustrissima e Excelentíssima Senhora Marqueza sua Espoza, que logo depois de dezembarcarem na ponte da Caza da Índia passaram a *Bellem*, a beijar a maõ a Suas Magestades".

Entramos em outubro. A corte divide-se entre Mafra e Belém, com preferência para esta última vila. No domingo dia 12, dia de São José, como o rei, e dia dos dezanove anos da princesa Dona Maria Ana, a família desceu até Lisboa para "divertirse na Opera".

A 19 de outubro de 1755 chega aos calabouços da Inquisi-ção o Padre José Madeira, de Santo António do Tojal, perto de Lisboa (hoje concelho de Loures). Vinha acusado de so-licitar favores sexuais às suas paroquianas mais jovens; era um velho conhecido da Inquisição. Este era já o seu terceiro processo. O primeiro fora em 1735, o segundo em 1737, ainda em Vila Flor e Torre de Moncorvo, terras das suas origens e onde estava habituado a dar livre curso às suas obsessões com meninas. Mas como prometeu emendar-se, foi enviado para Lisboa. Ao todo, as páginas de denúncias, testemunhos e interrogatórios são quase setecentas.

A 23 de outubro morreu no Convento de Jesus de Lisboa o erudito e poderoso clérigo frei Joaquim de São José, "jubilado, e Doutor na Sagrada Theologia pela Universidade de Coimbra" e detentor de uma lista de cargos e títulos que se estende por mais de uma dúzia de linhas na *Gazeta de Lisboa*. A sua morte foi acompanhada de diversos sinais extraordinários e mesmo as circunstâncias particulares do seu funeral pareceram revestidas de um caráter milagroso.

> Sofreu com inexplicável paciência as gravíssimas afliçoens, que lhe cauzava a sua moléstia, nam sendo estas bastantes a fazerlhe esquecer aquelles actos de fé, e de amor de Deos, que tanto exercitava na vida, resignandose inteiramente na vontade Divina. Vaticinou o dia da sua morte, e depois de falecido, passadas 24 horas, quando meteram o seu corpo na sepultura, se lhe observou hua admirável flexibilidade. Observou-se também que ardendo em toda a procissam do seu enterro em todas as funçoens da missa, e em todo o officio da cova (em que se gastou hua hora,) e nas cinco absolviçoens do tumulo 150 velas, e 4 tochas, senam consumio mais que hum arrátel de cera, como assegura o R.P. Sachristam mós do Convento; e atestou por huma certidam o Mestre Cerieiro depois de a pezar repetidas vezes.

Nessa cidade piedosa, governada por um monarca fidelíssimo, a Divina Providência intervinha, manifestando-se nos mais ínfimos pormenores através de sinais que reconfortavam os fiéis e mantinham o reino em paz e boa ordem. Um arrátel de cera tinha bastado, misteriosamente, para 150 velas e quatro tochas.

Era quarta-feira, 28 de outubro de 1755. No tempo circular, previsível e iterativo dos rituais, começavam a preparar-se para o sábado seguinte as cerimónias do Dia de Todos-os-Santos.

A destruição de Lisboa *(1756?), gravura de autoria anônima*

·4·
Sismo, *tsunami* e incêndios — Os elementos contra Lisboa — O dia da tripla catástrofe — Primeiros relatos

BLOQUEADO PELA impossibilidade de descrever o Grande Terremoto, um autor defendia-se escrevendo que "tanto destroço mais se sente, que se explica". Assinava com o nome de José de Oliveira Trovão e Sousa e escrevia a partir de Coimbra — com base em testemunhos secundários da catástrofe — uma *Carta em que hum amigo dá noticia a outro do lamentável successo de Lisboa*, um dos primeiros folhetos de uma extensa série provocada pelo Grande Terremoto. Apesar de escrever poucas semanas depois do acontecimento, o seu principal problema, que nós partilhamos, era colocar-se no lugar das vítimas diretas da calamidade. Para contornar essa circunstância usou de um recurso que normalmente se aconselha aos jovens escritores: lançar mão daquilo que se conhece. No caso, o teatro.

> Como pertende Vossa Mercê lhe descreva eu huma tragedia, em que era huma das figuras da representaçaõ, sabendo muito bem, que os que estaõ dentro da scena, naõ lograõ tambem o enredo, as vistas, e as mutaçoens do theatro?

É uma metáfora notável, jogando sob o duplo sentido da palavra tragédia como coisa vivida e coisa representada. Em Lisboa tivera então lugar uma tragédia, mas com a diferença fundamental de que tudo estava *dentro* da tragédia. Não havia lado de fora de onde apreciar a intriga ou as personagens. Os atores sabem quando vai acabar o ato ou quando muda o cenário. Aqui, nota o autor, quem está do lado de dentro não sabe para onde vai o enredo e não consegue ver os limites do palco nem adivinhar "as mutaçoens do theatro" — que no caso era uma cidade inteira, com os seus edifícios e ruas.

Trovão e Sousa não foi o único autor de Coimbra a usar a metáfora do teatro para conseguir, ao menos, entender indiretamente o que se tinha passado na capital do reino. Outro folheto sobre o Grande Terremoto intitulava-se nem mais nem menos do que *Theatro Lamentavel, Scena Funesta: Relaçam Verdadeira do Terremoto*. O caráter descontrolado, obsceno, da catástrofe natural era de tal forma desmesurado que só podia ser abarcado por intermédio da cenografia controlada das tragédias que entusiasmavam os próprios lisboetas na dezena de teatros que tinham à sua disposição.

Temos agora todas as personagens em cena, nos seus lugares, esperando o golpe violento do destino. Esperar talvez seja uma palavra mal empregue. Nós sabemos o que lhes vai suceder; mas elas não. Vimos como as missas matinais do dia de Todos-os-Santos eram apenas mais um nó de uma espécie de ciclo interminável, sossegado e repetitivo, que corria o ano inteiro, feito de dias santos, beija-mãos à família real, chegadas e partidas de barcos, festas, touradas, dias de trabalho, refeições, adormecer e despertar. A vida de cada indivíduo até poderia de vez em quando ser sacudida bruscamente, mas vista de longe parecia homogénea e interminavelmente monótona.

O dia, que amanheceu límpido, estava morno e agradável. O rei, a rainha e os príncipes estão no Paço Real de Belém, onde receberão mais tarde os ministros, os embaixadores, os prelados e membros de tribunais para a missa. Jâcome Ratton, comerciante da comunidade francesa, está no seu gabinete de negócios. Madrugou, foi a uma das primeiras missas de Todos-os-Santos e pouco depois das nove da manhã já estava de regresso a casa. Sebastião José de Carvalho e Melo está no Palácio dos Carvalhos, à rua Formosa — hoje rua d'O Século, mas na altura mais conhecida por ser perto dos bordéis do que pelo palácio do futuro marquês de Pombal. Um membro da comunidade inglesa, comerciante, encontra-se sentado a uma escrivaninha no seu quarto, num dos andares superiores da sua casa da Baixa. No beco das Mudas um outro inglês, mercador de vinhos, está ainda de camisa de dormir, cavaqueando amenamente com dois amigos portugueses, os irmãos José e Francisco Alves. Nas águas-furtadas de um prédio na rua das Pedras Negras, perto da Sé, um jovem de 26 anos — feitos nesse mesmo dia — dirige-se de chave na mão para abrir um armário. O embaixador de Espanha, conde de Peralada, está na sua residência com os criados e o único filho, preparando-se para ir visitar a família real a Belém.

As ruas da cidade estão já cheias de gente. A multidão aperta-se nas ruas da Baixa — como a rua da Betesga, então estreitinha mas comprida, encostada à parede do hospital de Todos-os-Santos, até chegar ao Rossio. Para muitos fiéis católicos, é dia de rodar as capelinhas, visitando as igrejas de cada santo. Descem pela rua dos Ourives do Ouro, desde o Rossio até à igreja de São Julião; avançam pela rua dos Mercadores ao sair da igreja de São Julião até à igreja da Conceição; e depois sobem pela rua da Cutelaria, entre as igrejas de São Nicolau e Santa Justa, num trajeto que se prolonga depois pela rua dos Vinagres afora, até à igreja de São Mateus — de onde depois poderão apanhar a rua da Betesga e regressar ao Rossio. Todos esses templos lotados se encontram primorosamente decorados e iluminados com os seus candelabros, velas e tochas.

POUCO DEPOIS DAS NOVE e meia da manhã o barómetro marca 27 polegadas e sete linhas; o termómetro de Réaumur assinala catorze graus acima do gelo. O vento chega fraco, de nordeste.

Ouviu-se um ruído cavo e grave — "rugido taõ medonho como o de hum espantoso Trovaõ" — e em simultâneo a terra tremeu. De imediato sentiu-se uma vibração apenas suficiente para fazer dançar as folhas de papel em cima de uma mesa, mas de contínuo aumentou "com taõ violento, e estranho moto [=movimento], que logo indicou naõ ser puramente tremor". Objetos maiores caíram das prateleiras, molduras e crucifixos pregados às paredes balançavam como se fossem barbatanas de um peixe fora de água — "the frames flapped against the wall", descreveu uma testemunha inglesa. Os próprios edifícios começavam já a balançar para trás e para diante. A terra vibrava como se fosse atravessada por uma onda, disseram depois várias testemunhas — e muito corretamente, uma vez que o sismo é de fato uma onda de energia.

De que tipo de onda se tratava exatamente? Escreveu-se que foi "a terra abalada por diferentes figuras, ja se via concussa, elevando-se, e deprimindo-se, ja inclinada para huma, e outra parte, como costuma ver-se hum navio nas ondas". Houve quem discordasse, defendendo que o abalo tomou "sómente a figura de huma undulação, e tremor violento, e não de concussão, ou succussão, sem aquellas retumbantes, e horrissonas concussões, elevações, depressões e inclinações". Parecia evidente, contudo, que a onda sísmica vinha de sul, porque os edifícios se inclinavam num eixo sul-norte, e a descrição de que oscilavam como mastros de um navio numa tempestade parece fidedigna, pelo menos pela recorrência com que testemunhas oculares usam essa imagem para descrever o que se passou.

O comerciante inglês que se encontrava à escrivaninha sentiu imediatamente o choque. Os móveis tremiam e objetos diversos caíram logo nos primeiros segundos de sismo. Conseguiu chegar-se à janela e espreitar o que acontecia na rua. Segundo o seu testemunho — publicado em Londres sob o formato de folheto e intitulado *Uma descrição particular do recente e horrendo terramoto em Lisboa* — foi então que viu cair parte do edifício em frente à sua casa. As paredes ruíram por cima de duas pessoas que passavam e que morreram logo ali.

"That was bad enough", escreve o comerciante, mas o pior estava para vir. "Não passava um minuto", garante, "e vi a minha Mulher e Filha (que tinham corrido porta fora ao primeiro choque) serem enterradas vivas pela derrocada da parte restante do mesmo prédio" do outro lado da rua.

Aparentemente os edifícios começaram a ruir a partir do segundo minuto de sismo. O vaivém das paredes tinha deixado os telhados sem sustentação. As telhas caíam, e depois delas os travejamentos e tudo o que neles estava suspenso, incluindo os candelabros acesos das igrejas. A queda dos telhados matou, feriu ou imobilizou imediatamente grande parte dos fiéis que se encontravam nas igrejas — além de por vezes lhes ter tapado as saídas — enquanto as chamas dos candelabros se propagavam rapidamente às madeiras. Nas ruas, as pessoas eram atingidas por pedaços de revestimento, telhas soltas, até varandas e paredes inteiras.

Diz-se que trinta segundos de abalo sísmico parecem, à pessoa que os vive, intermináveis. Mas vieram trinta segundos e passaram trinta segundos, e mais trinta e mais trinta. A determinada altura o abalo deteve-se por um pouco, permitindo uma certa respiração aos lisboetas. Mas essa interrupção, e mesmo uma segunda, duraram apenas alguns segundos. O regresso dos abalos era mais forte ainda e a reação das pessoas, que no primeiro embate parece ter sido mais de espanto, deve ter passado rapidamente ao pânico. O que se passava afinal? Os sismos fortes em Lisboa não eram tão comuns que permitissem a uma geração ter disso memória recente. Havia, evidentemente, uma reminiscência coletiva do terremoto de 1531 — o *outro* grande terremoto de Lisboa —, mas 1531 estava a uma distância quase tão grande como a que nos separa de 1755. O terremoto de 1531 tinha sido coisa do tempo dos avós dos avós dos avós dos lisboetas de 1755.

O terremoto durou mais de sete minutos, com duas curtas paragens. Esta é uma estimativa de compromisso: existem testemunhos que dão como duração do terremoto dez ou quinze minutos; a maioria aponta para abaixo de dez minutos. Há quem garanta apenas uma interrupção ou até quem não se refira a nenhuma; seja como for, as paragens devem ter sido muito breves, porque todos se referem a esse sismo como tendo sido apenas um (ocorreram, contudo, réplicas durante o resto do dia e os abalos sísmicos passaram a fazer parte do quotidiano nos meses e até anos seguintes).

Já não há acordo, contudo, sobre o tempo por que se prolongou o ruído de trovão durante o sismo, mas testemunhos aparentemente fiáveis dizem que ele se fez sentir apenas durante o primeiro minuto, sendo depois substituído pelos estrondos das quedas de mobiliário, telhados, paredes e edifícios inteiros — sempre acompanhados pelos gritos da população. A derrocada dos edifícios levantava ondas de poeira em seu redor. Essas nuvens tapavam o sol, tornavam o ar irrespirável, e cobriam já uma grande parte do centro da cidade, "uma cerração tão forte que parecia querer sufocar todos os viventes".

O primeiro choque — de entre dois a três minutos? — teria sido suficiente por si só para provocar danos excepcionais. Através da poeira, os sobreviventes puderam observar durante a breve interrupção que ruas inteiras tinham deixado de existir: todos os edifícios de determinadas áreas estavam por terra. A pausa não deu para mais do que tentar encontrar os sobreviventes mais à mão. Não houve tempo para começar a procurar haveres ou verificar o estado em que tinham ficado as habitações das vítimas. O segundo e o terceiro choques provocaram um tal pânico que muitas pessoas deixaram sequer de prestar atenção aos efeitos físicos do terremoto. Muitos acreditavam, certamente, que era chegado o fim do mundo — e há disso testemunhos incontáveis.

Todos desejavam apenas ver o fim daquele tormento e pouco depois já declaravam desejar somente esquecê-lo:

> nós os peccadores somos como os navegantes, que chegaõ destroçados a hum porto com huma tormenta, e tanto

que serenaõ os ares, e passa o perigo logo se esquecem dos naufrágios.

Não conseguem apagar, por mais que tentem, a lembrança dos pais e das mães que abandonaram filhos durante a catástrofe, e de maridos que abdicaram de salvar as "mais fieis esposas". Esse é outro tema dos testemunhos presenciais, mais marcante por vezes do que o choque em si: a verdade que tinham presenciado e "que ainda hoje magoa", "esquecerem-se os Pais, e as Mãis de seus amados filhos". "Tanto póde o amor próprio", exclama um mesmo autor, extraindo as consequências morais daquilo a que assistira: "aqui se vio com experiencia quam falso he o encarecimento dos que affirmão quererem mais ao objecto amado, que a si próprios". Havia algo pior do que o terremoto ter destruído casas e haveres, na verdade pior até do que a morte. Uma morte repentina, sem possibilidade de extrema-unção, é naturalmente um dos grandes medos desse tempo. Mas apesar de tudo a morte é um destino esperado e aceite da vida. Mais terrível do que a morte é ser a humanidade posta a nu nas suas aspirações a uma vida virtuosa e caritativa. Num lance semelhante, os indivíduos abandonam-se uns aos outros e pensam apenas na sua própria salvação:

> E assim ha de ser, porque os Pais querem bem aos filhos por serem pedaços da alma, ou (para melhor dizer) partes do seu corpo, e os consortes amão a suas esposas pela união á sua carne, e necessariamente, segundo o axioma Filosófico, como todos por amor de si amão a outrem, mais se hão de amar a si proprios.

O fato de as consequências do terremoto terem confirmado uma visão pessimista da natureza humana é, pois, o que mais impressiona alguns autores, entre eles um certo António dos Remédios, numa *Resposta à Carta de Jozé de Oliveira Trovam e Souza*:

> Quando ha peste ainda naõ falta quem assista aos enfermos com o risco de ficar contagiado, quando ha fome tambem ha quem se prive do alimento para acudir ao faminto; quando ha guerra naõ falta quem arrisque a vida propria por salvar a do amigo, Pay, ou parente; mas na occasião do terremoto se verificou aquelle adagio atéqui pouco verdadeiro, de que naõ ha Pay por filho, nem filho por Pay.

Há algo nesse parágrafo que merece uma paragem para um comentário breve, porque aquilo que ele tenta de forma muito resumida é avançar com uma hipótese de explicação para essas atitudes egoístas — no sentido mais próprio de "preservação do eu". E, mais notável ainda, essa explicação radica na própria natureza do terremoto enquanto catástrofe diferente de todas as outras, catástrofe pura porque catástrofe descontextualizada.

Em todas as outras ocasiões das misérias humanas há quem mostre o pior, mas também o melhor, da nossa natureza. Na peste, na guerra, na fome, há quem se coloque em risco para ajudar o próximo; no terremoto não. Mas o que todas as outras calamidades têm de comum entre si, e de distinto do terremoto, é serem prolongadas no tempo, ou melhor: é terem um contexto. Num contexto é possível fazer escolhas. Mas o sismo chega de repente; não se sabe que vai começar nem quando acabará — e os mesmos crentes com o coração cheio de amor caridoso que se encontravam na missa momentos atrás tiveram então de fazer as suas escolhas munidos apenas do mais básico dos seus corpos e consciências — e não de sistemas morais desenvolvidos durante milénios ou descritos com filosofia rebuscada. É essa a diferença, e por isso o terremoto é tão verdadeiro: revela os humanos despidos de cultura, que é o seu contexto.

A resposta humana ao sismo foi um dos grandes motivos de admiração entre sobreviventes, descendo ao detalhe de uma impressionante descrição fisiológica das reações de pânico durante aqueles minutos.

Os homens mais palidos, que os mesmos cadaveres fiando sua vida aos seus pés, vagavaõ loucamente sem acertar caminho no seu descanço. Palpitavaõ-lhe as arterias, e parecia poderem-se-lhes numerar os alentos da boca na velocidade dos passos. Alguns cobrindo com hum pedaço de lençol a desnudez, saltavaõ do leito, buscando lugar de refugio, para naõ achallo ja mais. Qual desesperado dos auxilios do proximo, outro alivio naõ achava, mais que entregar-se nas maõs do precipicio, abrindo a boca para beber a morte.

Já para António dos Remédios, que antes vimos tão chocado pelos efeitos morais e psicológicos do terremoto, também as mudanças de comportamento e fisionomia ocorridas no auge da catástrofe (de que parece ter sido testemunha ocular) impressionaram. Segundo ele, o que ocorreu não foi menos do que uma metamorfose:

O que também foy certo, e muito para admirar era a transformaçaõ dos semblantes, pois me succedeo a mim a poucos passos desconhecer as pessoas com que tinha estado pouco antes: os que eraõ mais especiosos, corados, e robustos se fizeraõ enormes, esqualidos, e timidos, de maneira que a côr dos rostos naõ era só cadaverica, mas tambem à palidez accrescentava hum tal espanto nos olhos, que pareciaõ todos humas almas em pena com os cabellos erriçados, as vozes tremulas, e os passos sim velozes para a fuga, mas pouco firmes para a segurança.

Depois de tudo ser dito, depois de serem tentadas todas as descrições, explicações e metáforas, o mais notório é que os autores se repetem sobre a insuficiência das palavras para descrever a catástrofe: "que expressoens seráõ bastantes para explicar a confusa desordem, o triste labyrinto, e o espantozo susto do mais infeliz, e inopinado acontecimento?", diz Trovão e Sousa, acrescentando:

Como pódem vivamente descrever-se as ancias, e affliçoens, que lastimosamente, cada individuo sentia em si proprio? Como pódem pintar-se os suspiros, e agonias de tantos, que entre as ruinas esperavaõ dar por instantes os ultimos alentos? Como pódem? Eu confesso que he quasi impossivel. Espectaculo taõ lastimoso, objecto taõ infausto, horror taõ formidavel naõ se explica, nem descreve, nem se pinta, só se sente.

Quando o abalo se suspendeu, os lisboetas ficaram atarantados pela cidade, perdidos uns dos outros. Alguns procuravam os seus parentes ou haveres, outros ainda não tinham compreendido completamente o que havia sucedido. As nuvens de poeira continuavam a dificultar a visibilidade. De uma parte da cidade não se via a outra, do próprio alto do Castelo não se conseguia distinguir os detalhes da destruição na Baixa. É possível, também, que alguns incêndios estivessem já ateados, embora não houvesse ainda informação sobre eles. O grande pânico dos incêndios ocorreria umas horas depois. Para já, os lisboetas parecem ter pensado que o pior tinha passado — se é que conseguiam pensar em alguma coisa. Muitos desceram até à ribeira, ao Tejo e às suas praias. O nível do mar estava abaixo do normal na maré baixa. Houve até quem escrevesse, mais tarde, que se tinha visto o fundo do rio.

Essas condições não ajudam a ter grandes certezas sobre o maremoto e as ondas *tsunami* que atingiram Lisboa. Nem toda a gente se encontrava junto ao rio, e os que não se encontravam parecem não ter tido contato visual com as ondas, embora tenham por vezes participado de correrias coletivas, em fuga das ondas reais ou de simples rumores. Veremos mais à frente como para os sobreviventes que ficaram cercados no Terreiro do Paço o temor de uma onda que os submergisse a todos era constante.

Sabemos certamente que o maremoto provocado pelo deslocamento do fundo marinho no epicentro foi sentido inequivocamente pelos navios em alto-mar. Meia hora depois do sismo já um *tsunami* de cerca de quinze metros de altura fizera enormes estragos nas costas marroquina, andaluza, algarvia e alentejana. Certas cidades algarvias, como Lagos, Portimão e Faro, foram mais danificadas pelo *tsunami* do que pelo terremoto, embora se encontrassem também perto do epicentro. Em Albufeira, parte da população foi arrastada para o mar. Em Lagos, as ondas destruíram muralhas e partes de fortalezas, mas foi na cidade andaluza de Cádis que os efeitos das ondas foram mais notados, uma vez que a cidade se encontra ligada ao continente por um istmo que foi completamente varrido pelas águas.

A parte central de Lisboa encontra-se semirresguardada de fenômenos desse tipo pelo formato da embocadura do Tejo. Apesar de tudo, quando a onda gigante chegou à capital do reino tinha ainda seis metros de altura, o que foi suficiente para causar estragos consideráveis. Arrastou consigo um grande número de embarcações. Recordemos que num dia comum o porto de Lisboa contava com entre a meia centena e a centena de navios de grande porte, aos quais se deveriam juntar embarcações menores, botes etc. Toda essa madeira, inteira ou despedaçada, deve ter entrado pelas ruas da cidade, principalmente nas freguesias de São Paulo, mais baixas e expostas ao rio, rangendo e estalando à passagem.

Quando a onda regrediu deixou esses desperdícios que mais tarde serviriam de combustível para as chamas. E quem se encontrava por perto não teve tempo para recobrar o fôlego. Passado um par de minutos, outra onda chegou e se abateu sobre a parte ribeirinha da cidade. Dessa vez não só trouxe destroços de navios e destroços de destroços provenientes da própria ruína da cidade, como levou consigo embarcações que se encontravam ancoradas ou mesmo em terra firme e que desapareceram quando esta onda regrediu.

Segundo alguns testemunhos, a maré subiu e desceu por três vezes em pouco mais de cinco minutos, e o mar continuou alterado depois disso (o termo maré é utilizado para descrever a visão rara de uma parede de água avançando sobre a cidade). Não se sabe quanta gente morreu, em Lisboa, por ação das ondas *tsunami*, nem até que ponto da cidade penetraram as águas. Na Baixa o casario encontrava-se mais ou menos protegido pelas obras da Alfândega, que tinham levantado um paredão entre o rio e o Terreiro do Paço. Mas aqui, o Cais da Pedra, uma construção recente e sólida feita de blocos de mármore unidos por ferros, foi dado como engolido pelas águas, tendo desaparecido com algumas centenas de pessoas que sobre ele se encontravam. É um dos mistérios deste dia. Moreira de Mendonça, autor de uma *História universal dos terramotos*, desacreditou a história, muito referida pelos sobreviventes, de que o Cais tinha sido engolido sem deixar rasto. Pode ser verdade que muita gente que ali estava tenha sido arrastada pelas águas, embora se tenham encontrado poucos corpos.

Até ao *megatsunami* de 2004 seria difícil acreditar em alegações exageradas sobre a força destas ondas. Hoje sabemos que uma onda de seis metros avança até encontrar oposição ou altitude superior. No caso de Lisboa, o maremoto e as ondas *tsunami* que dele resultaram fizeram os seus estragos principais na margem que vem desde Belém até à Rocha do conde de Óbidos, em Santos-o-Velho, e daqui até à freguesia de São Paulo. Pereira de Figueiredo afirma que as ondas penetraram até cinco estádios (cerca de 1 km) no interior da cidade. Nessa face da cidade, menos resguardada no estuário — e que, como vimos, era bem mais próxima do rio do que hoje em dia — a onda terá varrido toda a zona ribeirinha, arrastando com ela pessoas, embarcações e detritos. Só escapou quem correu para lugares altos e especialmente quem, por se encontrar a cavalo, pôde galopar para longe da onda gigante.

Ao fim da manhã os incêndios tornaram-se a preocupação principal. Escreveu-se que o palácio do conde de Castelo Melhor foi o primeiro a arder. Segundo outros autores, a igreja de São Domingos começou a arder imediatamente após o terremoto. Os incêndios tiveram principalmente duas origens: por um lado os lustres, candelabros e eventualmente archotes que estavam acesos no interior das igrejas; por outro os fogões das casas e dos palácios. "Muita gente morreu por se abrasar nas chamas", ou no início imediato dos fogos, ou quando as chamas os encontraram encurralados nas ruínas, meio soterrados, presos, feridos.

Muitos edifícios arderam completamente. Praticamente toda a Baixa de Lisboa foi afetada. A fronteira do fogo ia de Alfama, passando junto à Sé, abarcando toda a zona baixa, incluindo a ribeira, e prolongando-se até ao Bairro de São Paulo. Para o interior da cidade, a fronteira do incêndio passava pelo Rossio, incluindo o Hospital de Todos-os-Santos — onde se deram como mortos os quatrocentos internados — e os calabouços da Inquisição, que já tinham sido destruídos pelo abalo. Praticamente todos os testemunhos diretos da tripla catástrofe do dia confirmam que o incêndio foi, em si, ainda mais destrutivo do que o terremoto propriamente dito. Edifícios como o Paço Real, a Ópera do Tejo e a igreja Patriarcal foram na verdade devastados e inutilizados pelos incêndios.

No início deste capítulo deixamos diversas personagens suspensas, na ignorância do que lhes estava para acontecer.

A família real, em Belém, escapou sem danos físicos. O trauma psicológico foi grande; muito se tem ridicularizado dom José por não ter desejado reconstruir o Paço da Ribeira e ter vivido nos anos seguintes em luxuosas tendas, a célebre Real Barraca da Ajuda. Deve assinalar-se que dom José I não foi o único a reagir assim; a fobia aos edifícios sólidos parece ter sido uma quase epidemia nos anos seguintes. A maior parte dos sobreviventes não teve pressa em regressar às suas casas e preferiu ficar pelos campos, uma atitude compreensível

Área consumida pelo fogo na primeira semana de novembro de 1755

se pensarmos que as réplicas do sismo ocorriam diversas vezes por dia, às vezes com muita intensidade. Mesmo um autor circunspecto como o italiano Bento Morganti — que assinava como José Acúrsio de Tavares em *Verdade Vindicada*, um folheto exclusivamente dedicado a corrigir os exageros do nosso já conhecido Trovão e Sousa — faz questão de deixar claro que não desejava voltar a morar em casa de paredes sólidas a não ser que a isso fosse forçado "pela mais nímia necessidade temporal ou espiritual".

Deixamos Sebastião José de Carvalho e Melo no seu Palácio dos Carvalhos, que nada sofreu com o abalo, o que não deixou de ser lamentado mais tarde pelos seus rivais políticos. Também os bordéis da rua Formosa escaparam sem dano ao sismo — um dado perturbante para as consciências devotas que viram tantas igrejas destruídas pelos incêndios.

Jâcome Ratton escapou também e sobreviveria até ser um dos mais importantes negociantes e industriais do pombalismo — as suas memórias são uma das fontes mais importantes para este período. Poucas "pessoas de qualidade", como se dizia, pereceram. A grande exceção foi o conde de Peralada, embaixador de Espanha, esmagado pela queda do brasão da sua própria casa; o seu filho viria a ser adotado pelo embaixador de França. O jovem de 26 anos que suspendemos nas águas-furtadas de um prédio da rua das Pedras Negras terá direito a um capítulo quase só para ele.

Abandonamos também um mercador de vinhos inglês conversando com dois amigos portugueses na sua casa do beco das Mudas, bem perto da igreja de São Nicolau. Era conhecido por Mr. Fowke e vivia em Lisboa com a sua extensa família há já vários anos. Na casa do lado, morava a família do seu irmão Joseph que se encontrava de momento em Londres, cuidando de negócios. É por essa circunstância que chegaram até nós as informações da carta que o Fowke de Lisboa escreveu ao seu irmão em Londres, e que foi prontamente publicada para informação do público inglês.

As famílias de Mr. Fowke e do seu irmão Joseph sobreviveram ao primeiro abalo sísmico e conseguiram reunir-se no piso térreo da casa de um vizinho, juntamente com um dos portugueses, José Alves. Durante a primeira pausa do sismo aperceberam-se de que o irmão de José, Francisco Alves, tinha morrido na fuga, bem como a mulher e o filho pequeno de Mr. Morrough, o dono da casa onde se encontravam refugiados. A terra voltou a tremer e o grupo de sobreviventes observou com ansiedade que o seu prédio oscilava "para trás e para diante como o mastro de um navio na tormenta".

O grupo de sobreviventes encontrava-se no rés do chão da casa de Mr. Morrough, praticamente todos eles escoriados, molestados e empoeirados, mas sem ossos partidos. Eram pelo menos nove adultos e diversas crianças e adolescentes. A poeira começou a assentar e Mr. Fowke não conseguia fazer sentido do que estava a ver: "não havia mais Ruas — as Casas e as Ruas tinham vindo abaixo".

A primeira reação foi caminharem até ao largo de São Nicolau, que por assim dizer estruturava a vida do bairro. Para lá chegar tiveram de escalar um monte de entulho e então viram que a igreja da paróquia estava totalmente destruída e ardia ainda. Uma multidão de gente gritando "Misericórdia! Misericórdia!" enchia o largo; alguns deles morriam; um grupo de padres confessava e dava a extrema-unção aos que se encontravam ainda vivos. O grupo de sobreviventes contornou a arruinada igreja de São Nicolau e avançou pela rua das Arcas acima, em direção ao Rossio. Além deles, certamente milhares de pessoas ansiavam por chegar à praça mais larga do interior da cidade — e escapar para os campos. Os Fowke perderam-se uns dos outros no meio da confusão.

Ao chegar ao Rossio, o autor da carta deparou-se com o mesmo tipo de cena que vira no largo de São Nicolau, mas em escala maior:

> as cenas de horror tinham-se duplicado, e não as consigo comparar a nada mais senão à Ideia que tinha formado na minha Juventude dos Pecadores miseráveis implorando Misericórdia a Deus no último Dia: e a isto devo acrescentar os inúmeros Sujeitos à nossa volta que faleciam Gemebundos e Miseráveis — quando cheguei ao meio do Rossio, parei e não vi ninguém comigo senão a minha Mulher, o Neb e a senhorita Lester.

Esse Neb, um dos filhos de Mr. Fowke, descrito como "um rapaz valente, corajoso e de valor", é mandado refazer o caminho e voltar com o resto da companhia. O grupo refeito decide subir em direção ao Convento do Carmo, que também ruíra, e ao Bairro Alto, onde contornou o célebre Teatro dos Bonecos, em cujo palco se tinham representado, tocado e cantado as peças de António José da Silva, o Judeu, e muitas

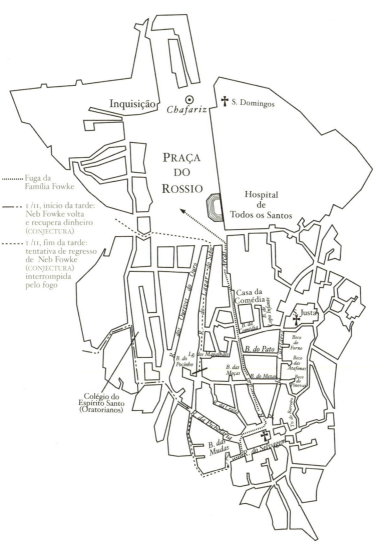

Fuga da família Fowke. Do beco das Mudas ao Rossio

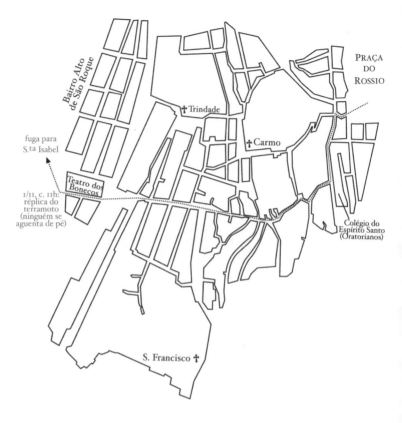

Fuga da família Fowke. Do Rossio ao Bairro Alto

outras ao longo da primeira metade do século. Quando se encontravam nas traseiras do teatro, ocorreu um novo tremor de terra cuja força os derrubou — "deitámo-nos ou ajoelhámo-nos, não conseguíamos manter-nos de pé".

Depois de se levantarem contornaram a colina do Bairro Alto até atingir a igreja de Santa Isabel, entre os atuais bairros do Rato e de Campo de Ourique. No largo da igreja e em frente à casa do Coronel Carlos Mardel, engenheiro militar e arquiteto de origem húngara há muitas décadas radicado em Portugal, viram "novas cenas de miséria". Mr. Fowke deu-se conta de que não trazia consigo dinheiro algum. Pediu a Neb que fizesse o caminho de volta; este teve de regressar à parte baixa da cidade, pejada de ruínas, cadáveres e feridos — "correu alegremente todos os riscos e cerca de uma hora depois trouxe-me 350 mil réis que conseguiu encontrar na minha escrivaninha". Entretanto, devia já passar do meio-dia. À tarde, Neb e dois moços foram enviados de novo para ver se podiam salvar alguns dos pertences da casa do beco das Mudas; mas o acesso foi impossibilitado pelas chamas que consumiam a Baixa. Quando caiu a noite todos os refugiados em frente à igreja de Santa Isabel puderam ver o céu colorido pelos incêndios que consumiam o centro de Lisboa. Mr. Fowke sentiu frio. Desviando a atenção da "cidade inteira em chamas", deu-se então conta de que, tal como às nove da manhã quando conversava com os amigos — um dos quais lhe morrera da forma mais inesperada —, continuava em camisa de dormir e chinelos de quarto.

Alegoria do marquês de Pombal *(1782)*,
de António Fernandes Rodrigues

·5·
Rescaldo e reconstrução — António Pereira de Figueiredo e o nascimento do pombalismo

EXISTE UM DIÁRIO dos acontecimentos que ocorreram em Lisboa desde o Terremoto até à expulsão dos jesuítas. Foi escrito em latim pelo padre oratoriano António Pereira e depois publicado em português no ano de 1766. Não é o único livro sobre a resposta ao Terremoto. Francisco José Freire, um poeta e teórico literário, escreveu sob o seu nome arcádico de Cândido Lusitano uma *Memória das principaes Providencias que se derao no Terremoto, que padeceo a Corte de Lisboa no anno de 1755*, obra talvez até mais detalhada ou, pelo menos, mais prolixa, que consiste essencialmente numa coletânea legislativa.

Há duas razões, no entanto, que recomendam a obra de António Pereira de Figueiredo. A primeira tem a ver com a sua curiosa organização interna, em forma de calendário. A segunda tem a ver com o estatuto particular do seu autor no seio do pombalismo. António Pereira formou-se entre os oratorianos, a ordem que fazia a concorrência mais séria aos jesuítas no campo da educação. Foi no convento oratoriano que ele próprio foi surpreendido pelo Terremoto — tal como Francisco José Freire, também oratoriano e autor das *Memorias das principaes Providencias* citada acima.

Nesse Convento do Espírito Santo, situado mais ou menos onde hoje estão os Grandes Armazéns do Chiado, morreram pelo menos cinquenta pessoas.

António Pereira era já então um homem estudioso e bastante notado pelos dotes linguísticos. Escrevia um excelente latim — talvez o melhor da sua geração — e um português simples, direto e muito seguro, que lhe permitia desenvolver raciocínios longos e profundos de forma aparentemente fácil para o leitor. Além desses primeiros predicados, António Pereira possuía uma erudição sólida; porém — mais importante ainda — não estava conformado com ela nem desistia nunca de a ampliar. Dominava um território de leituras muito extenso, tanto de autores clássicos como modernos, e tinha uma facilidade invulgar para resumir as ideias de outros autores por escrito, capacidade que utilizou nos seus primeiros textos filosóficos e que o tornaria mais tarde no melhor e mais produtivo censor português do seu tempo, e certamente um dos mais competentes censores da Europa. Quando chegou a censor régio era já um dos principais doutrinadores do regalismo, a teoria política que mais influenciou o pombalismo, e nessa qualidade talvez o autor português mais conhecido e respeitado na Europa da sua época. Os seus livros, traduzidos para francês, foram peças importantes das intricadas controvérsias setecentistas sobre o jansenismo e a bula *unigenitus*, o regalismo, episcopalismo e o estatuto das igrejas nacionais, o probabilismo, o molinismo e o combate aos jesuítas. Nessa altura seria já conhecido pelo seu nome de António Pereira de Figueiredo, que adotou após ter saído dos oratorianos (uma opção reveladora, pois os oratorianos tinham caído em desgraça com Pombal e Pereira de Figueiredo não teve dúvidas ao escolher o seu campo), e foi com esse nome que assinou a sua tradução da Bíblia, a primeira tradução católica da Bíblia em português. Com Manuel do Cenáculo, António Pereira de Figueiredo é um dos intelectuais (de base doutrinária) mais importantes do pombalismo. O seu *Diário dos Sucessos* interessa-nos então não tanto por ser uma narração do período pós-Terremoto mas, particularmente, por ser uma visão pombalista do nascimento do pombalismo.

Como podemos balizar esse período histórico? Quando terminou o Terremoto? António Pereira de Figueiredo dá uma resposta política a essas questões. São perguntas que se costuma fazer sobre períodos de revoluções ("quando acabou o 25 de Abril?"; "quando acabou a Revolução Francesa?"), e o Grande Terremoto e o pombalismo juntos, não sendo rigorosamente uma revolução, possuem porém algumas homologias com as revoluções. A resposta de António Pereira de Figueiredo parece ser "tudo começou com o Terremoto e acabou com a expulsão dos jesuítas", o que podemos traduzir por: apesar de Pombal já ser um dos três ministros do rei, o *pombalismo* começou a nascer imediatamente após o Terremoto, e acabou de nascer com a expulsão dos jesuítas.

Do *Diário dos Sucessos de Lisboa desde o Terremoto até o Extermínio dos Jesuítas* (traduzido do idioma latino por Mathias Pereira de Azevedo Pinto) deve então relembrar-se que foi escrito apenas no final da década de 1750 e início da década de 1760, ou seja, o seu quadro político já é o do pombalismo consolidado. Ainda Pombal não era Pombal. Não era ainda, pelo menos, marquês de Pombal. Mas também já não era simplesmente Sebastião José de Carvalho e Melo, um ministro *inter pares* que sobressaiu na resposta ao Terremoto. Quando Pereira de Figueiredo escreveu o seu *Diário*, Carvalho e Melo era conde de Oeiras. A prova da sua preponderância nos negócios do reino fora produzida pelo próprio dom José I ao outorgar-lhe este título em 1759. Esse pequeno livro de 67 páginas é, portanto, uma breve história do nascimento do pombalismo, escrita por um dos seus partidários, em cima do acontecimento. Foi, como vimos, escrito quando o pombalismo tinha acabado de nascer, ou seja, quando já se encontrava bastante consolidado, passada a fase de resposta à catástrofe e de repressão dos seus adversários internos, emblematizada de forma dramática pela expulsão dos jesuítas e pela execução dos Távora.

Poderia desvalorizar-se o seu ponto de vista enquanto partidário, como é evidente. A evolução de Pereira de Figueiredo é clara se compararmos este livro à sua descrição do terremoto, publicada em 1756 e onde — por incrível que pareça — o nome de Sebastião José não é citado uma única vez. Mas é mais útil mantermos presente que a sua perspectiva é a de alguém que se encontra próximo de Pombal e que a sua própria maneira de olhar é "pombalista". Qualquer agente se pode colocar ao lado de um partido ou de um regime por uma série de razões, da oportunidade ao oportunismo, entre outras. Mas nem todos, por mais que pensem as mesmas coisas, as pensam da mesma forma. E um intelectual consistente como Pereira de Figueiredo tinha, para resumir assim as coisas, uma forma de pensar *pombalista*. Por outro lado, António Pereira de Figueiredo era muito mais do que um mero sequaz do pombalismo: enquanto um dos principais doutrinadores do regime, grande parte da teoria política e jurídica do pombalismo passou pela sua cabeça. Dito de outra forma ainda, pensava *o* pombalismo e pensava *como o* pombalismo.

UMA DAS COISAS QUE impressiona na leitura do texto é que António Pereira de Figueiredo escreve sobre a catástrofe de uma forma mais organizada e sucinta do que outros autores escreveriam sobre um acontecimento cuidadosamente organizado e encenado. A catástrofe, agora novamente descrita por ele, não parece uma catástrofe. Menos preocupado com o Terremoto em si do que com a *organização das coisas* após o Terremoto, Pereira de Figueiredo não precisa de mais do que uma descrição sumária das consequências humanas:

> A muitos homens em Lisboa, sepultaõ as ruinas; a muitos em alguns lugares leva arrebatado o fluxo das agoas, que com incrivel violencia se seguio ao tremor. Em o mesmo dia reduz a cinzas a voracidade das chamas quasi tudo o que o terremoto havia deixado intacto.

Três frases: uma para o terremoto; uma para o *tsunami*; a última, um pouco mais longa, para os incêndios.

Isto escrito por parte de quem viveu o Terremoto é de fato extraordinário, embora não seja caso único. Nunca veremos qualquer documento oficial enveredar pela espiral de adjetivação horripilante e tremendista em que os documentos privados são peritos. Diga-se de passagem, aliás, que os próprios textos pombalistas não deixarão de fazer uso e abuso desse estilo excessivo noutras ocasiões, como as arengas de acusação aos jesuítas ou aos Távora. No que diz respeito ao Terremoto, contudo, a disciplina do discurso do poder ateve-se de tal forma a esta referência seca, sucinta e cerebral ao Grande Terremoto que o historiador britânico Charles Boxer a qualificou de "obra-prima da contenção", apenas ultrapassada pela reação do imperador Hirohito ao bombardeamento de Hiroxima. Para termo de comparação, a frase normalmente atribuída ao imperador japonês na sua primeira visita à cidade arrasada pela bomba atômica, é esta: "Parece que houve danos consideráveis por aqui, não é verdade?".

Esta disciplina não tem praticamente folga. Vejamos a forma como António Pereira de Figueiredo descreve os terríveis meses do inverno que se seguiu ao Grande Terremoto. A maioria dos sobreviventes estava desalojada ou não se sentia capaz de voltar a viver em casas de paredes sólidas. Praticamente todos os dias novos sismos lançavam o pânico entre a população. Ninguém sabia quando vinham, que força teriam nem quanto tempo durariam, e esta incerteza deixava naturalmente os nervos dos lisboetas em franja. A descrição do nosso autor é exemplar:

> Atemorizados os Cidadaons armaõ nos suburbios barracas de panno; e dahi a poucos [dias?] as edificaõ de madeira. Suas Magestades, o Senhor Infante D. Pedro, e as Senhoras Princezas, e Infantes habitaõ quasi por hum anno em barracas de campanha, huma legoa distante da Cidade para a parte do Occidente, onde estão os jardins Reaes.

A pouco e pouco, contudo, tornam-se reconhecíveis as marcas do peculiar culto da personalidade de dom José I e com ele do seu ministro Sebastião José de Carvalho e Melo:

> Tão grande era a perturbação dos negocios, e dos animos, taõ horrivel, e miseravel a reprezentaçaõ da Cidade, que se não fora a authoridade, e providencia do prudentissimo Ministro de Estado na execuçaõ dos Decretos do nosso Invicto Monarcha, ficava de todo esquecida Lisboa, arruinado o negocio.

Nesses momentos o texto permite-se uma folga para louvar estes dois homens excepcionais. Tão excepcionais, dir-se-ia, quanto a catástrofe foi excepcionalmente danosa; como se apenas eles pudessem compensar o reino pelo próprio Terremoto:

> Hum só de tantos invictos Monarchas JOSEPH I do nome, unico na grandeza, foi escolhido para que sublimasse a Patria já arruinada, fizesse de novo a capital do Reino... usando em todas estas cousas da singular industria, e sabio conselho do Conde de Oeiras, Ministro a quem a interior idade naõ vio igual no amor á Patria, na fidelidade ao Rey.

A Sebastião José de Carvalho e Melo, atente-se, não acontece apenas pensar coisas excelentes e realizá-las de forma admirável; ele não "nada medita senaõ o sublime, nada executa senaõ o magnifico". Este "Heróe" e "grande homem" não poupa esforços em "restituir as Bellas Letras, em ampliar o Commercio, em emendar a Patria com Leys santissimas, em a polir em costumes, em a exornar com edificios".

Se é verdade que as primeiras ordens do rei se dirigem a mais interlocutores do que Sebastião José de Carvalho — entre eles o duque de Lafões ou o marquês de Marialva —, o que poderia dar a ideia de que a predominância de Pombal é tardia, também é verdade que grande parte dessas ordens em nome do rei foram escritas pelo próprio punho de Sebastião José e logo nos dias imediatamente a seguir à catástrofe. Refeitas as contas, não há dúvida de que o papel de Carvalho e Melo foi central. A sua nomeação em dezembro de 1755 para o cargo de secretário dos Negócios do Reino — que hoje em dia corresponderia ao de um ministro do Interior —, em vez dos Negócios Estrangeiros de que antes se ocupava, deve assim ter sido mais o reconhecimento de uma situação *de facto* do que a mera atribuição de novas tarefas.

António Pereira de Figueiredo chega ao ponto de escrever que "tudo o que se lêr escrito, mandado e feito por Sua Magestade Fidelissima... pela mayor parte se deve ao conselho, authoridade, e Providencia do Conde de Oeiras". Esta frase chega a sobressaltar por parecer insolente em relação ao próprio rei e é o tipo de discurso que levantou sobrolhos entre os cada vez mais silenciosos desafetos a Carvalho e Melo. Mas esqueciam eles que esta imagem estava fundada numa tradição sólida que dizia que o rei era

tanto melhor rei quanto melhor tivesse escolhido os seus conselheiros. Desse ponto de vista não havia melhor rei do que dom José I — a prova é que tinha escolhido o conde de Oeiras para seu ministro... E quando os pombalistas diziam isto é provável que tivessem uma visão em mente: Luís XIV e o cardeal Richelieu. Quando António Pereira de Figueiredo chega a censor, no ano de 1768, não deixará escapar nenhuma ocasião para lhes defender a imagem, eliminando dos livros qualquer referência desfavorável a Luís XIV ou ao cardeal-ministro de Luís XIII.

No DIA 2 DE NOVEMBRO, os habitantes de Lisboa começavam a organizar-se para se estabelecerem nos campos em torno da cidade. Os incêndios continuavam. Uma das primeiras medidas foi a de tratar do funeral cerimonioso do embaixador de Espanha.

Mas havia mais cadáveres para tratar. O rei ordenou ao duque de Lafões que encontrasse forma de sepultar o mais rapidamente possível os cadáveres humanos e animais que se encontravam espalhados pela cidade. A medida foi tomada tendo em especial atenção a possibilidade de eclodir uma epidemia de peste, e para a levar a cabo foram chamadas as companhias militares do interior, nomeadamente do Alentejo.

Lendo nas entrelinhas percebe-se que tal não era fácil. A ordem do rei nota que se deve forçar os soldados que objetarem ao enterro sumário das vítimas do sismo — "obrigar aos que repegnarem" é a expressão utilizada. No mesmo sentido vai a carta escrita pelo rei ao cardeal patriarca no dia seguinte, 3 de novembro, e na qual o avisa para que "exorte aos Prelados das Religioens que... dem sepultura Ecclesiastica aos corpos, que se acharem mortos nas ruinas da Cidade", ou seja, que cumpram de forma sumária com os rituais necessários para que os enterros se possam fazer sem grandes objeções teológicas.

Outras medidas dos primeiros dias incluem as ordens para que as povoações do reino que tivessem excedentes de cereais os remetessem para a capital por barco, a determinação da estrutura de distribuição dos alimentos na cidade — controlada pelo marquês de Alegrete e por doze senadores. Os cereais seriam vendidos no Rossio, onde era no fundo a bolsa da cidade, e uma companhia de soldados armados estaria presente para evitar a ocorrência de motins. No dia 10 de novembro determinar-se-iam penas para os comerciantes que infringissem a proibição de vender mantimentos a preços mais altos do que os praticados antes do Terremoto.

Além da rápida eliminação dos cadáveres e da reposição logística da distribuição de víveres, a repressão do crime foi a terceira das preocupações fundamentais. Chegou a ganhar contornos brutais. Dois dias depois do Terremoto o marquês de Marialva recebeu uma ordem para vigiar as praias em busca de piratas argelinos que se julgava que aproveitariam a ocasião para atacar as vilas costeiras que mais haviam sofrido com o maremoto, como Setúbal, Cascais e Peniche. Mas é a ordem do dia 4 de novembro contra os ladrões que mais se gravou na memória coletiva. Num aviso dirigido aos ministros do Senado de Lisboa e aos das províncias, dom José I ordena que se faça a caça aos ladrões que pululavam pela cidade e que se aplique a pena de morte aos que forem detidos em flagrante na posse de bens furtados, no mesmo dia, sem julgamento. "Se levantáraõ por diversas partes altas forcas", lembra António Pereira de Figueiredo, "e desta sorte dentro de poucos dias se enforcáraõ muitos em Lisboa".

Depois dos enforcamentos, as cabeças dos mortos eram separadas dos corpos e pregadas aos próprios postes das forcas, "para que servissem de terror, e emenda aos costumes perversos".

Os sobreviventes do Terremoto estavam dispersos pelos campos em torno da cidade, com um núcleo principal de refugiados nos terrenos do Campo Grande, à época bastante longe do núcleo urbano. Nesses dias em que se extinguiam os últimos fogos do grande incêndio que havia consumido todo o centro da cidade, e em que as réplicas do Grande Terremoto eram ainda muito fortes e ocorriam diversas vezes por dia, a visão de cabeças humanas atravessadas por pregos e expostas umas por cima das outras recebia aqueles que regressassem ao lugar da catástrofe. Se penetrassem no coração da área ardida ouviriam o atroar dos tiros de canhões com que se destruíam as paredes que tinham restado ao Paço Real da Ribeira. Desaparecia definitivamente o magnífico palácio que dom Manuel, o Venturoso, legara à cidade.

Não havia tempo nem espaço para prender os criminosos. Mesmo os antigos presos da Inquisição tiveram de ser retirados dos calabouços do Santo Ofício, ao Rossio. No dia 7 de novembro foram enviados para Coimbra; o bígamo açoriano e a curandeira algarvia, o padre abusador de Sobral do Monte Agraço e uma mão-cheia de judeus estavam nessa leva. É impossível saber se terão trocado olhares ou conversado, mas é interessante imaginar esse bizarro agrupamento a ser recolhido nas ruínas da cidade e a iniciar uma viagem longa até ao seu novo encarceramento em Coimbra, depois de terem sobrevivido à tripla catástrofe da semana anterior.

Só no dia 11 de novembro, depois de atendidas essas prioridades, o cardeal emite uma pastoral organizando uma procissão em ação de graças. Note-se que este modelo da ação de graças, certamente decidido com o Conselho da Coroa, se desvia do entendimento de que os pecados dos lisboetas tivessem provocado o sismo, pois não se tratava de uma procissão penitencial ou pela remissão dos pecados mas antes, valendo o que valia depois de uma calamidade tamanha, de agradecimento a Deus — porque o sismo não tinha provocado mais vítimas.

A demonstração pública de devoção perdeu assim parte do desígnio explicativo que autores mais rigoristas desejavam que ela tivesse. E, como vimos, a primeira fase da reação e do rescaldo transportava no seu pragmatismo uma leitura implícita da natureza da catástrofe. Se a reação política consiste, à partida, em enterrar os mortos com sacramentos sumários é porque se escolheu não dar crédito à ideia de que o Terremoto foi um ato de Deus contra os lisboetas. O poder político estava mais preocupado com as epidemias do que com a ira divina; caso contrário, a oração teria forçosamente de ser a primeiríssima prioridade.

Dito isto, há que matizar esta dicotomia, que tem causado por vezes não pouca incompreensão relativamente à natureza do pombalismo, por vezes retratado como antirreligioso ou anticlerical. Nada pode andar mais longe da verdade. O discurso político da reação ao Terremoto não estabelece nenhuma espécie de cordão sanitário em torno da religião. Ao próprio António Pereira de Figueiredo, pensador eminente do pombalismo, ocorre dizer de quando em vez que se faziam preces "para applacar a Deos justamente irado contra os peccados dos homens"; mas dos homens em geral, note-se, e não dos lisboetas em particular. Nesta como noutras questões, Pereira de Figueiredo mantém-se no caminho teologicamente seguro, fugindo a adivinhar as intenções de Deus — e no politicamente seguro, escusando-se a apontar defeitos aos lisboetas, que eram, acima de tudo, súditos de El-Rei Dom José i.

Não há, pois, discurso explícito do poder sobre as causas do Terremoto a não ser para excluir liminarmente a ideia de um castigo particular aos lisboetas ou, muito especialmente, a uma suposta falta de devoção dos súditos e dom José i quando comparado com os de dom João v.

Para lá disto, a Coroa mantém algumas exibições públicas de devoção. Aconselhando-se com o Senado de Lisboa, dom José i decide eleger para patrono de Portugal São Francisco Borja, um dos Grandes de Espanha e descendente de César Bórgia que, depois de tomar votos, será um dos grandes fundadores dos jesuítas em Portugal, tendo visitado o país por diversas vezes nos reinados de dom João III e dom Sebastião. Toma também a decisão de que, a partir desse ano, em todos os segundos domingos de novembro se farão preces públicas dedicadas a Nossa Senhora do Patrocínio.

A religiosidade pública, mesmo ligada diretamente ao Terremoto, não foi obliterada pelo pombalismo. Bem pelo contrário; o que se passa é que na concepção regalista do poder ela deve estar subordinada às ordens do soberano (que é rei por graça de Deus) e não se pode sobrepor às suas interpretações dos acontecimentos do reino. Na lista de prioridades da Coroa, as preces e procissões públicas ocupavam um lugar importante, se bem que não de necessidade imediata. Quando as primeiras tarefas de socorro e rescaldo permitiram finalmente algum fôlego, uma parte das energias sociais podia ser dedicada à devoção, mais ou menos em simultâneo com as primeiras medidas para a reconstrução da cidade.

No início de dezembro, o rei dá ordens para que se faça aos edifícios em ruínas da cidade o mesmo que no mês anterior já se fizera ao seu próprio palácio a golpe de canhão. Tratem-se de edifícios da Coroa ou de particulares, de templos ou de teatros, o duque de Lafões organizará companhias de soldados para demolir os restos de paredes e limpar as ruas de entulho, lama, restos diversos.

A vista do centro da cidade permanece desolada, embora menos caótica; é o primeiro sinal de que começa a aparecer uma cidade diferente.

Antes de passar aos planos de reconstrução vamos, porém, interromper aqui o discurso voluntarista de António Pereira de Figueiredo. Ele dá a impressão, enganosa, de que o dia 1 de novembro foi uma pontual irrupção do caos, prontamente organizado pelo ministro do rei a partir de 2 de novembro. O tom geral transmite, em consequência, uma imagem de extraordinária facilidade. Disse o ministro do soberano: faça-se, organize-se, reconstrua-se; e prontamente se fez, se organizou e se reconstruiu para depois, em segundo plano, se organizarem algumas demonstrações públicas de devoção para descansar a população.

Um regresso aos testemunhos de sobreviventes contribuirá com uma outra imagem, mais arbitrária e suja, dos dias que se seguiram ao Terremoto.

O Terremoto de Lisboa no ano de 1755,
gravura de R. Vinkeles e R. Bohn

.6.
Histórias de sobreviventes — A fuga para
os campos — Thomas Chase,
um lisboeta

É POIS ALTURA DE retroceder um pouco e ir encontrar as vítimas do Terremoto que deixámos no capítulo quatro, ao cair da noite do 1º de novembro.

Ao fim da tarde o padre Manuel do Portal, oratoriano, havia finalmente conseguido chegar à quinta que a sua ordem tinha no sítio da Cotovia, subindo a colina do Bairro Alto pelos campos onde hoje se situam os bairros do Príncipe Real e do Rato, mais ou menos na direção de Campolide. Estas fugas para os campos em torno de Lisboa — que hoje foram engolidos pela urbanização da cidade — foram as mais frequentes. A mesma quinta do oratório na Cotovia, um pouco a nordeste do atual Parque Eduardo VII, recebeu grande parte dos refugiados eclesiásticos, incluindo o próprio cardeal patriarca. As maiores aglomerações de desalojados encontravam-se em Campo de Ourique, Campo de Sta. Clara — onde se realiza a Feira da Ladra — e, especialmente, no Campo Grande.

Aqui são especialmente úteis os relatos de estrangeiros residentes em Lisboa, cujas cartas para os seus países foram prontamente publicadas pelas gazetas locais ou editadas em folhetos autónomos, uma prática menos corrente em Lisboa porque — é uma conjetura básica — a poucos sobreviventes interessaria saber as peripécias de gente que, mais coisa menos coisa, tinha passado pelas mesmas dificuldades que eles.

Para a família de Mr. Fowke, que deixámos na noite de 1º de novembro em frente à igreja de Santa Isabel, passando frio e contemplando ao longe a cidade em chamas, a solução foi relativamente fácil. Ainda durante a madrugada um pequeno grupo decidiu caminhar até Sacavém, onde os Fowke armazenavam as suas pipas de vinho. Aí alugaram um burro — com parte do dinheiro que Neb Fowke conseguiu recuperar regressando às ruínas da Baixa — e foram buscar os que tinham ficado em Santa Isabel. Sacavém recebeu também muitos refugiados durante os dias e semanas seguintes; nos campos Mr. Fowke encontrou uma sobrinha (filha do seu irmão Joseph, a quem a carta é destinada) nos braços de uma mulher portuguesa; a sua cunhada e outro sobrinho, perdidos ainda no largo de São Nicolau, tinham sido arrastados para o Terreiro do Paço, onde após muitas dificuldades conseguiram viajar de barco até Sacavém; outros membros da família foram recuperados das ruínas e alojaram-se em casas de outras famílias britânicas; outros, finalmente, só foram localizados dias depois, em Belém. Todos se juntaram em Sacavém. No todo, a família Fowke teve bastante sorte.

Muitas outras vítimas não puderam, contudo, fugir para os campos. Para estas, a aflição não tinha acabado.

O DIA ERA O DO 26º aniversário de Thomas Chase, nascido em Lisboa a 1º de novembro de 1729; calhou ser o último que passou na casa onde tinha nascido, à rua das Pedras Negras. Depois de ter caído das águas-furtadas do seu prédio e recuperado os sentidos numa das pausas do Terremoto, Thomas encontrava-se num buraco entre dois prédios. Não conseguia perceber que lugar era aquele; furou por uma passagem e foi dar ao que parecia ser o interior de um forno. Finalmente extraiu-se a si mesmo daquele lugar e apareceu numa sala desconhecida perante um português que deu um pulo quando viu aquele rapaz estrangeiro sair do forno do pão. "Jesus, Maria e José! Quem sois? De onde vindes?", perguntava o português, estendendo-lhe uma cadeira e ajudando-o a sentar.

Thomas pôde então observar o seu estado. O braço direito, deslocado do ombro, caía inanimado ao lado do corpo "como um grande peso morto". Os ossos pareciam estar partidos. Tinha as pernas cobertas de feridas. O tornozelo direito "inchado em proporções prodigiosas e como uma fonte cuspindo sangue"; mal conseguia pôr o pé no chão. Além disso o lado esquerdo da cara estava esfolado, "com o sangue saindo em borbotões, uma grande ferida por cima do olho e outra pequena por baixo", acrescentando-se ainda várias feridas nas costas e na cabeça.

Esta descrição parece provavelmente pormenorizada demais, e até um pouco piegas — pelo menos se compararmos a situação relativamente feliz de Thomas com a morte e destruição geral do Terremoto. Deve então ser dito, em defesa do jovem Chase, que todas estas informações se encontram numa missiva que escreveu à sua mãe. Ao contrário de muitas outras cartas aproveitadas para publicação em folhetos — para não falar de pseudocartas escritas diretamente em folhetos —, a missiva de Thomas Chase permaneceu inédita durante quase sessenta anos, quando foi encontrada por um curioso, que a transcreveu e enviou para a redação da *The Gentleman's Magazine*, que a publicou em 1813. Quem nunca foi piegas ao contar as suas desgraças à mãe que atire, com todas as forças, a primeira pedra.

Outra característica relevante da carta de Chase é a bizarria das atitudes dos portugueses quando vistas pelos olhos de um estrangeiro. Apesar de ser nascido e criado em Lisboa, Thomas não era súdito de dom José i, mas de Jorge ii de Inglaterra; considera-se (e é considerado) inglês em todos os momentos da sua narrativa e os portugueses são-lhe estrangeiros. Vejamos por exemplo aquele que se encontra agora à sua frente; o homem está coberto de poeira, faz o sinal da cruz ao mínimo pretexto, junta as mãos como se fosse rezar para logo as separar e levantar ao alto, erguendo os olhos para o teto "em sinal do maior desassossego e preocupação". Quando veio o segundo choque do Terremoto, no entanto, o português "voou diretamente porta fora", abandonando o jovem inglês. Thomas resignou-se a voltar para o forno e esperar que tudo acabasse.

Depois de explorar o lugar onde se encontrava, Thomas encontrou uma escada que o levou diretamente à própria rua das Pedras Negras. Esta ainda existe hoje: liga a Sé à rua da Madalena, passando por cima da igreja de Santo António. Mas trata-se de uma rua direita, reconstruída após o Terremoto. Antes era uma rua semicircular que descia até à igreja da Madalena e que fazia ligação com um pequeno sistema de ruelas e becos. Thomas diz-nos que se encontrava entre três ruas, de que não dá o nome. Uma delas, diz, levava até ao rio. Naquele momento imaginava ainda que o seu pé pudesse aguentar a caminhada até à beira da praia, mas quando olhou para a rua que tinha pela frente, pejada de destroços de casas caídas, desistiu. Talvez tenha sido uma decisão afortunada, considerando que o *tsunami* ainda estava para chegar. Pensou então subir a colina, mas quando se voltou para trás viu que a rua estava igualmente arruinada e impraticável. Uma outra rua à sua direita encontrava-se nas mesmas condições. Com estas informações já podemos conjecturar onde se encontrava Thomas Chase, por volta das dez da manhã do dia do seu 26º aniversário, em pleno século XVIII.

Thomas Chase foi finalmente encontrado por um vizinho alemão que o levou para a sua casa, ainda na mesma rua. A descrição do jardim deste Johann Ernest Forg, natural de Hamburgo, localiza-o por detrás de um muro alto, elevado em relação à rua, provavelmente no seu lado norte. Ainda hoje existem alguns jardins deste gênero na rua das Pedras Negras, anexos no entanto a prédios pombalinos.

Na casa de Herr Forg encontravam-se já vários refugiados quando o terceiro abalo sísmico se produziu e outros se

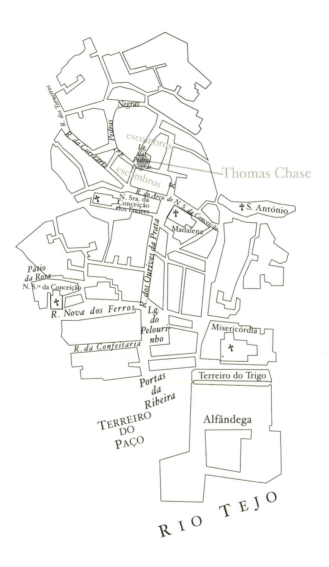

*Localização plausível de Thomas Chase
em 1º de novembro de 1755*

foram juntando, durante a manhã. Por volta das duas da tarde, quando o incêndio se foi aproximando da zona da Sé e todos tiveram de abandonar o seu refúgio, o grupo de sobreviventes incluía ingleses, holandeses, irlandeses, portugueses e alemães, todos tentando recuperar fôlego para sair da cidade antes que o fogo tomasse conta de tudo. Preocupado com o estado de Thomas, Herr Forg tentou encontrar um cirurgião inglês chamado Scrafton, para pedir-lhe que tentasse condicionar o pé de Thomas para que pudessem abandonar a casa. Mas o prédio de dr. Scrafton tinha ruído; temia-se que o cirurgião tivesse morrido (na verdade morreu em 1767 com 65 anos). Herr Forg, Thomas Chase e uma pequena comitiva acabaram por abandonar a casa da rua das Pedras Negras apenas por volta das cinco da tarde, quando a situação era já desesperada.

Passaram pela frente da igreja de Santa Madalena, que tinha resistido ao Terremoto mas que seria consumida pelo fogo, e viram que o fogo já avançava pela rua que levava à Sé. Desceram pela rua dos Ourives da Prata, ainda em relativo bom estado — embora o fogo viesse já tomando conta de ambos os lados da rua Nova dos Ferros —, e atravessando o largo do Pelourinho entraram pelas Portas da Ribeira no Terreiro do Paço.

A ideia era certamente encontrar um barco que aceitasse retirá-los da cidade, mas foi uma escolha infeliz. Em primeiro lugar, porque muito mais gente tinha tido a mesma ideia. Em segundo lugar, porque os barcos evitavam chegar-se à margem e depois que a noite caiu deixaram de fazê-lo de todo. Em terceiro lugar, e principalmente, porque quando os incêndios alastraram a toda a Baixa os refugiados que se encontravam no Terreiro do Paço ficaram cercados entre três lados de fogo (Baixa, Paço Real e Alfândega) e um de água.

Na noite do dia 1º de novembro, já separado do seu protetor alemão, com o braço direito quebrado em vários lugares, o mesmo ombro desfeito e um pé inchado, tentando dormir em cima dos fardos de salvados que os refugiados tinham trazido das suas casas, Thomas Chase já vira o fogo consumir o recheio, fazer cair os telhados do Paço Real e subir a colina em direção a Alfama. Mas agora, às cinco da madrugada do dia 2 de novembro, uma mudança na direção do vento fez voltar a descer as chamas em direção ao Terreiro, deixando inquietas as pessoas que ali se encontravam.

A situação no Terreiro do Paço era certamente das mais preocupantes nos dias a seguir ao sismo. Encontra-vam-se ali pelo menos centenas ou até milhares de pessoas que — ao contrário do que se passava nos campos — estavam encurraladas pelas chamas que devoravam toda a Baixa; mesmo que se aventurassem teriam de encontrar o caminho entre pilhas de entulho do tamanho de casas e ruas juncadas de mortos e destroços. Do lado do Tejo, embora as águas não estivessem já agitadas, a memória do *tsunami* e dos mortos do Cais da Pedra, que muita gente acreditava ter sido engolido inteiro por um olho d'água ou uma fratura no fundo do Tejo, aumentava o pânico. Isto não impedia as pessoas de se comprimirem de encontro ao cais, tentando conquistar lugar num dos barcos, os quais, por sua vez, evitavam chegar-se à margem.

De cada vez que se sentia um novo sismo ou que as chamas se aproximavam, a multidão agitava-se:

> A populaça, aparentemente, estava convencida da noção de que aquele era o dia do Juízo Final; e desejando em- penhar-
> -se em tarefas piedosas, tinham-se carregado de crucifixos
> e imagens de santos; homens e mulheres, sem distinção,
> nos intervalos entre os tremores de terra ou se dedicavam
> a cantar ladainhas ou, com um fervor zeloso se punham
> a apoquentar os moribundos com cerimónias religiosas;
> sempre que a terra tremia, todos de joelhos exclamavam
> *Misericórdia!* nas mais pungentes vozearias possíveis.

Thomas Chase é um símbolo claro da compartimentação das comunidades na cidade e, em particular, da permanente desconfiança entre católicos e protestantes. Soube-se mais tarde que no Castelo de São Jorge a multidão, acompanhada dos seus padres, tinha batizado à força um pastor anglicano acabado de chegar à cidade poucos dias antes e que tinha ido para ali passear antes do sismo (na verdade, tal batismo foi inútil, porque os batismos anglicanos eram reconhecidos pela Igreja católica, conforme esclareceu mais tarde o cardeal patriarca). O jovem Thomas Chase temia também pela descoberta da sua condição de protestante:

> Tinha, pois, medo de que a minha condição pudesse excitar--lhes a piedade, numa altura destas, em que não há governo, era fácil imaginar que volta poderia levar o zelo religioso deles contra aquele pior dos criminosos, um *Herege!* E com isto eu temia a aproximação de toda e qualquer pessoa.

Não que Thomas Chase fosse o mais estoico dos jovens, ou pelo menos não o desejava parecer nesta carta à sua mãe. Thomas tinha medo dos católicos, tinha medo de ser abandonado por Herr Forg, o seu protetor alemão, tinha medo de morrer dos seus ferimentos, e tinha medo de que uma nova subida do nível das águas "nos afogasse a todos". A certa altura tinha tentado descansar debaixo de uns telheiros junto à Alfândega, mas o fogo virara de novo e houve gritos de "deitem abaixo as cabanas" porque, com ou sem razão, se temia que o fogo se pudesse comunicar às estruturas de madeira. Com muita dificuldade, um casal de ingleses, os Graves, transportaram-no e deixaram-no deitado em cima dos seus fardos de produtos que ali se encontravam à espera de transporte. A Sra. Graves abanava a cabeça e estava também convencida de que este era o Dia do Juízo.

Neste momento, um novo rumor começou a correr entre os refugiados. Eram cinco horas da madrugada, e o fogo aproximava-se das tercenas — os armazéns de armas e pólvora que se situavam por detrás do Paço Real. Esperava-se uma explosão pavorosa a qualquer momento. Thomas parou de falar com a Sra. Graves e todos esperaram silenciosamente pelas explosões, que foram três e bastante fracas — na verdade, a maior parte da pólvora era guardada longe do centro da cidade, onde hoje é o Museu Militar, junto à estação de Santa Apolónia.

Deve ter sido o alívio que proporcionou o momento mais leve da noite:

> Mais ou menos por essa altura, uma pobre mendiga Irlandesa, que parecia meio doida, colocando toda a sua fé num tal Santo Não-sei-quem com um nome esquisito, desatou a correr pelo meio do fogo rua Nova abaixo até às caves de Mr. Houston, e dali trouxe uma garrafa de vinho para Mr. Graves, de quem no entanto não recebeu qualquer esmola numa altura destas. Foi na verdade um refresco muito bem-vindo, e graças à humanidade de Mrs. Adford fiquei também muito encarecido por poder beber um bocado dele.

Este Mr. Houston a quem foi subtraída a garrafa de vinho era um comerciante de vinho e outros produtos e proprietário de um dos cafés da Lisboa de antes do Terremoto.

Quando o sol nasceu, os barcos que se encontravam no Tejo começaram finalmente a arriscar algumas aproximações aos pobres refugiados do Terreiro de Paço, cercados de fogo por todos os lados.

Thomas Chase estava agora perto das ruínas do Paço Real. O fogo parecia estar finalmente extinto, mas na verdade lavrava ainda no interior e voltou a envolver em chamas o torreão junto ao Tejo. Em poucos minutos aquela área do Terreiro era rodeada, cercando as pessoas; o fogo pegou-se às madeiras que, provavelmente, o *tsunami* tinha acumulado na véspera junto à margem, e provocou uma chuva de cinzas e pedaços de madeira incandescente que tornavam o ar pouco respirável e a temperatura quase insuportável.

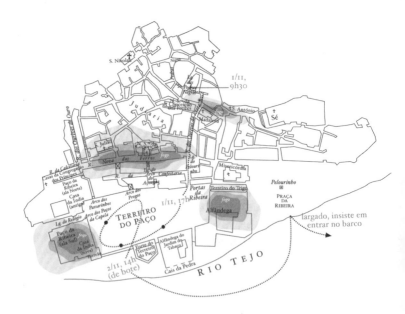

Fuga de Thomas Chase na tarde de 1º de novembro de 1755

A dado momento o fogo transmitiu-se a uma carga de mobiliário que era transportada sobre os dorsos de duas mulas. Sentindo o calor, os pobres animais correram pelo Terreiro, lançando de novo a confusão entre aquele grupo de gente cercada, exausta, mal dormida, desidratada, separada das suas famílias e pertences, que tinha visto morrer gente próxima e, muitas vezes, ferida e mutilada. Thomas via a cena à distância, achando-se seguro, até que alguém lhe gritou que o seu xaile estava a arder. Ainda antes que pudesse reagir, o xaile foi-lhe puxado por mãos desconhecidas, espezinhado por várias pessoas até que o fogo se apagasse, e devolvido. Após esta nova contrariedade, Thomas disse à Sra. Graves, que o tinha acompanhado durante todo esse tempo, que tinham de sair dali; a Sra. Graves recusou-se porque estava convencida de que aquele era de fato o fim do mundo e de que não valia a pena fugir. Já haviam mudado de lugar por diversas vezes e sempre sem resultado, disse. A partir de agora nem mais um passo.

HERR FORG, O ALEMÃO que tinha salvo Thomas na rua das Pedras Negras e continuava a aparecer de vez em quando, carregou-o em braços, "com a ajuda de negros". Depositaram--no em cima de um fardo de salvados de um português. Enquanto se encontrava entre portugueses, Thomas ouviu um grupo deles, homens e mulheres, planear uma fuga pelo meio das chamas, atravessando as ruínas do Paço Real. Depois de se terem animado uns aos outros, escalaram a um monte de entulho e penetraram no palácio, desaparecendo da vista dos restantes refugiados. Passaram uns minutos; caiu um arco no interior do Paço, precisamente no lugar por onde os aventureiros deviam passar. Este acontecimento provocou entre os refugiados no terreiro "uma espécie de grito de compaixão"; e como nenhum membro da expedição fugitiva regressou, ficou por saber se tinham conseguido escapar ou não.

O fogo continuava a avançar e a envolver os refugiados, consumindo fardos de salvados, mobiliário, restos de objetos, tudo o que fosse combustível. Uma portuguesa, compadecida pelo estado de Thomas, aproximou-se dele e começou a cantar uma ladainha "em tom melancólico", ao mesmo tempo que lhe suspendia um crucifixo por cima da cabeça, o que muito enfadou o nosso protagonista. Nesse momento concretizou-se um dos piores receios de Thomas, que nada tinha a ver com sismos, fogo ou maremoto: um grupo de portugueses juntou-se em torno dele, ajoelhou-se e começou a rezar, "que era exatamente aquilo que eu temia que viesse a suceder desde o início". Para esta eventualidade, Thomas havia planeado fingir que se encontrava sem sentidos; colocou o seu xaile sobre os olhos e esperou.

De repente, a mulher parou de cantar e a multidão voltou a gritar "Misericórdia!" a plenas vozes. Thomas estranhou o grito porque já estava habituado a que ele acompanhasse uma das muitas réplicas do sismo, "das quais tinha já havido muitas que desistira de contar". O jovem inglês aventurou--se a abrir o xaile no meio daqueles católicos e espreitar para ver o que tinha sucedido. "Não sentia qualquer tremor, mas o que vi deixou-me ainda mais surpreendido":

> Vi toda a gente ajoelhada, e a grande Praça repleta de chamas; porque as pessoas que vinham das ruas em torno tinham--na agora enchido de fardos, e, quando o fogo aumentou, tinham fugido abandonando-os [aos fardos] que estavam agora todos em chamas, salvo no nosso canto, e junto às paredes inferiores do Paço... mas como o vento soprasse agora forte lançava as labaredas em lençóis de fogo que rasavam as nossas cabeças, e esperávamos que nos apanhassem a qualquer minuto; perdi novamente todo o meu ânimo e cedi ao desespero, pensando já impossível, depois de tantas fugas, evitar o tipo de morte que eu tanto temia.

Uma nova mudança de direção do vento salvou Thomas e os seus companheiros da desgraça. As chamas, antes oblíquas, estendiam-se na vertical enquanto consumiam os fardos com os pertences que algumas pessoas haviam conseguido salvar das suas casas da Baixa. Já ninguém se incomodava com isso. O fato de as chamas se terem detido um pouco voltou a encher as pessoas de esperança e a proporcionar um novo momento de respiração. Uma mulher irlandesa, que Thomas tem o cuidado de descrever como "católica romana", perguntou-lhe se o apelido dele não era, porventura, "Chase". À resposta afirmativa, afirmou perante o jovem ter conhecido bem o seu pai e ofereceu-lhe uma talhada de melão. Herr Forg voltou, ofereceu-lhe pão, e carregou-o às costas para perto dos Graves, antes de desaparecer em direção à margem do rio.

Nestas peripécias passou-se toda a manhã e parte da tarde do dia 2 de novembro.

Já passava das três da tarde quando Thomas travou conhecimento com Mr. Houston, o proprietário do café da Baixa de cuja cave se havia subtraído uma garrafa de vinho no dia anterior. Thomas estava apostado em não passar outra noite no Terreiro de Paço, com medo de que as chamas pudessem voltar a crescer na direção dos refugiados ou que uma subida da maré pudesse fazer transbordar as águas do Tejo. Para piorar as coisas, um ruído de trovão, mas contínuo e sem respiração, começara a emergir das ruínas do Paço Real. Thomas começava a imaginar coisas: parecia que a terra se rachava por debaixo do palácio e que as águas do rio ocupavam o espaço vazio, empurrando rochedo pelo caminho. Não havia maneira de saber que barulho era aquele, mas não deixava de ser assustador — e outras fontes não ajudam a esclarecer este ponto. Thomas perguntou a Mr. Houston se não queria unir esforços para saírem dali o mais rapidamente possível; o seu interlocutor, mais prático, comunicou-lhe que tinha conseguido salvar as dispendiosas faianças holandesas do seu café e que preferia esperar por um momento mais calmo para poder sair sem risco de as perder no meio da confusão (Mr. Houston foi obrigado a passar mais uma noite no Terreiro do Paço antes de abandonar a praça de barco — e acabou por perder na mesma as suas preciosas faianças).

Apesar de ter nascido em Lisboa e de presumivelmente aí ter vivido por 26 anos, Thomas Chase não dá em momento algum sinal de se identificar com os portugueses. Os lisboetas exteriores à comunidade norte-europeia, para Thomas Chase, parecem dividir-se em duas categorias principais: os católicos e os negros.

Já vimos por diversas vezes o que os católicos eram capazes de fazer: gente supersticiosa e extraordinariamente crédula, que reagia de forma sempre inusitada. Não deixa de ser visível uma certa má vontade, provavelmente exagerada numa carta dirigida a interlocutores anglicanos. Ou isso, ou Thomas tinha um certo azar: aconteceu por exemplo quando a sua perna deu repentinamente uma guinada extremamente dolorosa; enquanto a ferida latejava, Thomas quase desmaiava de sofrimento — acabara de ser pisado por um padre.

Começam a surgir agora, na narrativa de Thomas Chase, os negros pelos quais Lisboa era tão conhecida entre os europeus do Norte. Tal como os galegos, ofereciam os seus préstimos aos refugiados no Terreiro do Paço, servindo água ou carregando mulheres e feridos. Thomas pede aos Graves que lhe cedam um dos seus criados e acaba por pagar dezoito xelins a dois negros para que ocupem o seu lugar na fila de embarque e depois o transportem até ao bote. Thomas embarca finalmente, crendo que seria levado até à Madre Deus, onde teria alojamento. Mas os pescadores da Outra Banda que navegavam o bote abandonam-no logo ali junto à Casa dos Bicos, e só após muita insistência aceitam levá-lo até Santa Apolónia. Quando descobrem que a maré virou e que não poderão regressar a casa, os pescadores expulsam Thomas e os dois negros do barco, chamando "herege" a um e "diabos" aos outros. Os dois quilómetros que restavam até à Madre Deus foram percorridos às costas dos negros, por mais alguns xelins.

Depois de cair do telhado de uma casa, de desmaiar e ser acordado por um português, de ser abandonado durante um sismo, de ser recolhido por um alemão, de fugir ao fogo com uma perna inutilizada, de ser expulso do seu abrigo, de ver a sua roupa incendiada por uma mula em chamas, de ser rodeado por católicos fervorosos, de ser pisado por um padre, de discutir com pescadores, de negociar com um galego e de ser maltratado por um barbeiro, Thomas pôde finalmente regressar a Inglaterra no segundo navio disponível, a 29 de novembro de 1755, com 26 anos e 28 dias. Viveu quase até aos setenta anos de idade no condado de Kent.

Na sua pedra tumular escreveram:

Erguida à memória de
THOMAS CHASE, esq.
que viveu nesta paróquia;
foi nascido na Cidade de Lisboa
no dia primeiro de novembro de 1729,
e ficou soterrado nas ruinas
da mesma casa onde tinha visto a luz
no para sempre memorável e terrível
Terremoto que se abateu sobre aquela Cidade,
no primeiro de novembro de 1755,
de onde, depois de uma fuga extraordinária
ele, lentamente, recuperou de uma muito
deplorável condição, e viveu até ao dia
20 de novembro de 1788.

Perspectiva de projeto para a reconstrução de Lisboa

·7·
Planos para o futuro — As cinco lisboas possíveis de Manuel da Maia — Cidades de papel

CINCO DIAS DEPOIS do navio de Thomas Chase ter partido, o general Manuel da Maia entregou a Sebastião José de Carvalho e Melo um memorando sobre a reconstrução da cidade. O documento, datado de 4 de dezembro de 1755, contém um texto sucinto e enxuto, criando a impressão de ter resultado de uma reflexão invulgarmente lúcida e precisa. Não teve depois dificuldade em encontrar o seu caminho para o papel com os traços gerais, já pontuados aqui e ali por soluções de pormenor quanto à salubridade das novas habitações ou por sugestões práticas sobre as indemnizações e a distribuição de terrenos. Aqui — tal como no *Diário dos sucessos* de António Pereira de Figueiredo — fica-se sob uma impressão estranha de dissonância, como se a realidade que produziu o caos não pudesse ser a mesma que produziu estes textos. No caso de António Pereira de Figueiredo, contudo, a frieza pode justificar-se pela distância temporal; escrevendo seis anos depois do sismo, já tudo tinha sido dito pelos autores dos folhetos e das gazetas estrangeiras — terremotos barrocos, terremotos neoclássicos, terremotos pré-românticos, havia-os para todos os gostos.

Já no caso de Manuel da Maia, que beirava então os oitenta anos, o poder de síntese impressiona mais porque sabemos que escrevia passados poucos dias do sismo. Não é exagero dizer que a cidade fumegava ainda; réplicas e novos sismos ocorriam várias vezes ao dia. Acresce que, pessoalmente, Manuel da Maia tinha sido tão vítima do sismo como qualquer outro lisboeta. Tinha casa na Baixa, que foi consumida no incêndio com todos os seus pertences, incluindo a sua biblioteca com livros de engenharia e arquitetura e a sua coleção de plantas e cartografia. Manuel da Maia não lhes pôde acudir; só se salvaram os espécimes que, por acaso, tinha emprestado a alguém. Diga-se, aliás, que é apenas quando se refere à sua biblioteca pessoal em memorandos posteriores que Manuel da Maia se exaspera, mais do que lamenta. Queria voltar a estudar os planos das partes novas de Turim e os da reconstrução de Londres depois do Grande Fogo de 1666 — os dois únicos casos estrangeiros que refere —, sendo obrigado a projetar tudo de cabeça.

O próprio dia do sismo tinha-o passado tentando salvar, com sucesso, os documentos do arquivo da Torre do Tombo. Além de ser engenheiro-mor do Reino e general do Exército, Manuel da Maia era guarda-mor da Torre do Tombo. Os historiadores de língua portuguesa têm assim a agradecer-lhe o fato de não se ter perdido o núcleo do seu mais importante arquivo. Caso contrário, teríamos de acrescentar a Torre do Tombo às perdas da Biblioteca Real, da coleção de arte, mobiliário e decoração do Paço da Ribeira e arquivos da Casa dos Contos e da Casa da Índia — além das perdas de palácios privados, dos quais o mais lamentado é o do marquês do Louriçal, também recheado com uma coleção de arte e uma biblioteca valiosíssimas.

Durante o mês em que as tropas do reino se afadigavam a sepultar cadáveres, encaminhar carregamentos de cereais, perseguir criminosos e deitar abaixo ruínas, o futuro da cidade começava então a ser considerado pelo velho arquiteto e engenheiro militar. O sismo, cujas consequências ainda eram sensíveis e visíveis em todo o lado, é tratado como um mero dado de fato que não merece de início nenhuma consideração. A referência ao sismo consta das seguintes palavras, que são as primeiríssimas do memorando de Manuel da Maia:

> Reconhecida, e observada a destruição da cidade de Lxa. he preciso intentar-se a sua renovação, e como esta se pode executar por diversos modos, parece tambem preciso... entre elles se fazer eleição. Os modos que me ocorrem são os seguintes.

O sismo foi "reconhecido" e "observado" — palavras inteiramente neutras — e agora era hora, tão simples quanto isto, de decidir uma cidade nova.

Mais do que uma cidade nova, o que o memorando apresenta é a possibilidade de cinco cidades novas, cinco opções diferentes para Lisboa. Listá-las uma a uma significa, também, imaginar a Lisboa alternativa que teria nascido caso se tivesse seguido por cada um destes caminho.

Em primeiro lugar apresenta-se uma hipótese de reconstrução simples da cidade, "restituí-la ao seu antigo estado" tal como ela era no dia 31 de outubro, cinco semanas antes. Como lembra Manuel da Maia, optar por este caminho significaria pressupor que não haveria um novo sismo daquela intensidade — "que o terremoto passado não he pronostico de outro, e que assim como em muitos annos anteriores senão experimentou outro semelhante assim se não pode esperar subsequente". Se tivesse sido tomado este primeiro caminho talvez tivéssemos uma Baixa com as mesmas ruas, os mesmos templos e mais ou menos os mesmos edifícios nos mesmos lugares; uma réplica da planta anterior, mas construída de novo "com alguma melhora do que era antes", ou seja, paredes novas, cómodos diferentes, inovações introduzidas pelos proprietários que, de resto, seriam os principais agentes desta renovação. Bastava entregar-lhes de novo os seus edifícios e a própria necessidade de os pôr a render faria o resto.

Não devemos imaginar, contudo, que este caminho resultaria num clone da Lisboa pré-sísmica. Em particular, os templos, palácios e outros edifícios monumentais estavam perdidos e não seriam certamente reconstruídos segundo os planos originais. Teríamos assim uma grelha urbana tardo-medieval preenchida com edifícios setecentistas; na arquitetura monumental, nomeadamente na religiosa, onde havia antes fachadas manuelinas, renascentistas ou maneiristas encontraríamos agora, no meio das ruas pré-existentes, edifícios tardo-barrocos ou eventualmente neoclássicos. Por outro lado, esta não seria uma Baixa congelada por um plano superior; ela evoluiria "organicamente", pelo menos durante mais um século, acrescentando arquitetura romântica ou *art-nouveau* sobre edifícios entretanto demolidos. E mesmo a sobrevivência da planta pré-sísmica não deve tomar-se por garantida, pois parte da suposição de que — tal como ponderámos no nosso capítulo contrafactual — a Baixa não viria a ser alvo de um processo de *haussmannização* cem ou 150 anos mais tarde.

O segundo plano incluiria alguma correção destes aspectos do urbanismo medieval de Lisboa. Não haveria necessidade, neste caso, de respeitar os traçados das antigas ruas principais da Baixa. Poderia mesmo criar-se algumas ruas novas. O objetivo, contudo, não era o de repensar completamente a estrutura urbana do vale da Baixa, mas de o reorganizar segundo uma lógica de evolução. E efetivamente, nos desenhos que no ano seguinte foram realizados a partir, *grosso modo*, dos planos de Manuel da Maia, o capitão Elias Poppe inventa duas novas ruas completamente direitas e reorganiza um pouco a estrutura das vias públicas, tendo no entanto o cuidado de recusar mexidas nas propriedades privadas previamente existentes. Esta precaução poderia evitar o que se adivinhava ser um feixe de problemas bicudos: as expropriações de terrenos e eventuais compensações financeiras aos proprietários.

Em contrapartida, as restantes ruas seriam alargadas; ganhariam com isso um certo desafogo e maior exposição solar; de resto as suas trajetórias permaneceriam intocadas. A Baixa de Lisboa continuaria a ter, salvo um par de exceções, as mesmas vias de traçado irregular, oblíquas, tangentes, becos.

A localização dos templos não seria mudada, o que acautelaria questões teológicas relacionadas com a utilização profana de terrenos anteriormente consagrados. As paredes seriam reconstruídas de forma a aumentar-lhes a resistência em caso de novos sismos. Melhoramentos nas infraestruturas comuns seriam introduzidos.

A terceira opção nascida das meditações de Manuel da Maia afastava-se mais ainda da cidade pré-Terremoto. Apesar de ainda prever a manutenção de algumas vias públicas antigas, precisamente as mais largas e retas, Manuel da Maia começava a entrar nos direitos patrimoniais anteriores ao Terremoto. Para começar, todos os edifícios teriam de ser rebaixados; Manuel da Maia não imaginava que, por uma questão de beleza mas principalmente de segurança, pudessem ter mais de dois andares. Estes prédios menores seriam certamente mais seguros, mais higiénicos e mais práticos; mas teriam uma taxa de ocupação menor, menores áreas totais para habitação ou comércio e, consequentemente, menos valor para os seus proprietários. Como compensá-los?

A quarta opção dava um passo definitivo nesta progressão cada vez mais radical. A antiga malha urbana deveria desaparecer e dar lugar a uma grelha inteiramente nova. Os prédios poderiam ser mais altos do que os dois andares previstos no plano anterior, mas em troca as ruas teriam de ser muito mais largas. A este nível, Manuel da Maia já não desejava aceitar que as vias públicas das cidades fossem escusas e escuras, e que os seus prédios altos arriscassem derrocar e entupir as ruas num próximo terremoto. A nova grelha seria inteiramente regular e geométrica. As propriedades urbanas de antes do Terremoto teriam de ser completamente remanejadas; o que fazer dos antigos proprietários estaria dependente de decisões que não cabiam a Manuel da Maia, mas à Coroa. De forma análoga, mas a um nível mais profundo, haveria que tomar decisões em relação aos templos católicos, que seriam forçados a mudar de lugar.

Manuel da Maia desenvolve em memorandos posteriores esta opção. Os alçados dos edifícios deveriam ser uniformizados, mas permitir variações entre andares dos edifícios ou categorias de ruas para quebrar a monotonia. Algumas ruas poderiam ter direito a varandins, algumas janelas seriam encimadas por pequenos frontões; outras teriam um leve desenho nas cantarias etc. Os proprietários, naturalmente, não poderiam estar autorizados a modificar as fachadas sob pena de se adulterar a harmonia geral do plano. Contudo, poderia permitir-se que cada quarteirão, rua ou bairro escolhesse a cor das paredes dos seus edifícios dentro de uma paleta de tons pré-determinados.

A última opção de Manuel da Maia é pouco conhecida mas é, pelo menos do ponto de vista da fantasia, a mais interessante. Consistia em fazer uma nova Lisboa, de raiz, noutro lugar. Não apresentava nenhum dos problemas que listámos atrás porque simplesmente não se ocuparia da Baixa. Os proprietários que reconstruíssem ou negociassem os seus prédios como desejassem. O que Manuel da Maia propunha era mudar a capital de lugar e construir uma Nova Lisboa entre Alcântara e Belém, terrenos planos e salubres que pouco haviam sofrido com o Terremoto e que tinham espaço livre — ou em São João dos Bem Casados, no atual bairro da Estrela, onde haveria espaço livre suficiente para construir um magnífico Paço Novo, que constituiria naturalmente o eixo central da nova capital do reino e do império. Num desses dois lugares nasceria a cidade, feita de raiz, ampla e verdadeiramente digna de um monarca como dom José I.

> [...] desprezando Lixª arruinada, e formando outra de novo desde Alcantara até Pedrouços; com permisão porem de que os donos das casas de Lixª arruinada as podessem levantar como quizessem. Este 5º modo se facilita mais que todos...

A MEDITAÇÃO DE MANUEL DA MAIA e as suas cinco Lisboas alternativas, que poderiam ter visto a luz, foram consideradas por dom José I — ou, mais pragmaticamente, por Sebastião José de Carvalho e Melo. E a hipótese eleita foi a quarta, ou seja, aquela que previa que a Baixa da cidade fosse inteiramente refeita sob um novo paradigma.

Podemos considerar que a hipótese escolhida foi a segunda mais radical? Do ponto de vista da gradação de Manuel da Maia, sim, uma vez que a elencou como quarta opção de cinco. Manuel da Maia preferia nitidamente — e isso nota-se na forma como redige a sua "dissertação" — o plano da "Nova Lisboa". Mas seja permitida uma especulação segundo a qual este quinto plano foi preterido não por ser o mais radical, mas ao invés porque permitia um renascimento "orgânico" do antigo centro da cidade, impulsionado pelos proprietários e realizado segundo a sua vontade, casuisticamente. Ora, a escolha do quarto plano indica que foi exatamente isso que se pretendeu evitar.

A hipótese de Lisboa ter podido renascer noutro local não deixa de ser extremamente apelativa, nomeadamente para arquitetos e urbanistas, junto de quem parece prefigurar aquela tradição modernista e algo épica da refundação de um país por via de uma nova capital. Essa tradição, vinda da São Petersburgo de Pedro, o Grande, teria assim passado por uma Nova Lisboa antes de desembocar, de forma paradigmática, na Brasília de Juscelino Kubitschek, Lúcio Costa e Oscar Niemeyer. Note-se contudo que o próprio Manuel da Maia refere, mais modestamente, que a *deslocalização* de Lisboa não era uma ideia assim tão invulgar — e que o testemunhassem as centenas de "Vilas Novas" existentes no território nacional e que ganharam esse topónimo precisamente como resultado de uma transferência dos núcleos de povoação originais.

Concorde-se que, pela escala e pela intenção, a reconstrução da cidade noutro lugar seria um plano ambicioso, megalómano quase. No entanto, para o futuro marquês de Pombal isso implicaria perder outro plano talvez mais ambicioso e megalómano ainda: refazer inteiramente o centro da cidade. Nota Kenneth Maxwell que o próprio monarca facilitou a escolha deste plano ao não pretender ter um palácio no centro da cidade; os arquitetos que trabalhariam sob as ordens de Manuel da Maia teriam assim oportunidade de pensar a capital *ex tabula rasa*. Os proprietários de prédios da Baixa, colocados perante o exemplo do próprio soberano que prescindia dos seus direitos, perdiam espaço para reclamações.

Quanto à "cidade nova", não faltariam oportunidades para a realizar: uma vez que a refundação da Baixa iria resultar em menor densidade populacional, novos núcleos habitacionais teriam de surgir, acompanhando também os planos de fixação de novas indústrias e manufaturas do reino. A "Nova Lisboa" pombalina que não foi feita entre Alcântara e Belém (ou em torno da Basílica da Estrela, a outra localização possível) nasceu assim de certa forma à volta das "Reais Fábricas" da Seda, dos Pentes e dos Chapéus, ou seja, nos atuais bairros lisboetas do Rato, da Estrela e da Lapa, onde algumas ruas guardam até os nomes das antigas ruas que desapareceram sob os escombros do sismo.

Após a decisão conceitual, passou-se à fase do desenho. Os planos de Manuel da Maia foram entregues a uma geração mais recente de arquitetos e engenheiros, entre os quais pontificavam Elias Poppe e Eugénio dos Santos. A estes juntou-se o coronel Carlos Mardel, um engenheiro de origem húngara que trabalhava em Portugal desde os tempos de Mafra e do Aqueduto das Águas Livres — e cuja residência perto da igreja de Santa Isabel recebera grupos de refugiados entre os quais se encontrava a família Fowke. Esses arquitetos realizaram mais seis planos a partir de algumas das cinco conjeturas de Manuel da Maia (excluíram-se a primeira e a terceira), mas agora já com plantas do traçado das ruas e alçados dos edifícios.

Os primeiros planos são mais tímidos, seguindo ainda as diretrizes das hipóteses dois e três de Manuel da Maia. O terceiro imagina algumas ruas oblíquas e uma invulgar praça em losango, entre o Terreiro do Paço e o Rossio — talvez inspirada no papel de pivô que cabia ao hexágono irregular de São Nicolau na Lisboa arruinada.

O quarto, quinto e sexto planos — da autoria de Eugénio dos Santos — inscrevem-se num paradigma novo de cidade. Dois deles encontram uma ideia que vingou, a de alinhar o Rossio com o Terreiro do Paço através de uma rua que desce da aresta ocidental de uma praça até à da outra. Os quarteirões tornam-se blocos, paralelepípedos. As ruas são retas, paralelas as principais, secundárias todas as transversais. No sexto plano existe uma novidade bastante bizarra: a de fechar o Terreiro do Paço ao Tejo com dois edifícios, o da bolsa e o dos tabacos. Lembrarei aqui José-Augusto França, na sua obra fundamental sobre a reconstrução, quando diz que, apesar da ideia de fechar o Terreiro do Paço ao Tejo ser impraticável e até um tanto absurda numa praça cuja função foi sempre a de abrir a cidade ao rio, deixa pelo menos o testemunho da vontade de experimentar sem necessidade de respeitar nenhuma forma em particular da Baixa pré-existente.

A gravura que abre este capítulo, uma perspectiva desenhada à época a partir de um dos planos não realizados para a Baixa (provavelmente o quinto, de Eugénio dos Santos, apesar de tudo o mais próximo daquele que foi efetivamente escolhido), dá uma ideia perfeita da diferença enorme que vai entre o paradigma pré e pós-Terremoto. Nas imagens do Terreiro do Paço seiscentista — penso sobretudo no famoso panorama de Dirk Stoop — tudo era proliferação: de edifícios, de gente, de casos particulares, de tipos de vestuário, de funções e categorias sociais. Na perspectiva acima, não nos interessa só o objeto construído, mas também o imaginário ligado à paisagem humana. Homens e mulheres contidos, ponderados, à imagem dos edifícios modulares, regulares, geométricos. Os módulos desses edifícios, sabemo-lo pelas detalhadas instruções deixadas por Eugénio dos Santos, seriam construídos à parte e combinados *in situ* com as estruturas de base; estas estruturas de base seriam iguais para todos os edifícios e teriam uma grelha antissísmica (a célebre "gaiola pombalina").

Russel Dynes diz que o Terremoto de 1755 foi "a primeira catástrofe moderna": porque foi a primeira a desencadear esforços de proteção civil escalonados por ordem de prioridade pragmática e não religiosa ou simbólica e também porque foi a primeira a dar origem a uma legislação geral de prevenção e a um pensamento de conjunto para a reconstrução daquilo a que hoje se chama o *ground zero*. Desse ponto de vista, a história da dissertação de Manuel da Maia e dos planos de Eugénio dos Santos, bem como das decisões de Pombal, encerra lições muito válidas para casos contemporâneos. Caso a decisão tivesse recaído na opção preferida de Manuel da Maia, Lisboa seria uma cidade nova num local novo. Com a opção preferida por dom José e Sebastião José de Carvalho e Melo, Lisboa não foi uma cidade construída do zero, como São Petersburgo ou Brasília, mas *reconstruída* do zero, como Londres depois do grande incêndio de 1666, São Francisco depois do sismo de 1906, Chicago depois do incêndio de 1871, Plymouth ou Dresden depois dos bombardeamentos da Segunda Guerra Mundial, Hiroxima ou Nagasáqui depois da bomba atômica. O fato de as opções tomadas a partir de 1755 serem ainda o núcleo perfeitamente inteligível da experiência atual da cidade encerra ainda ensinamentos úteis para outras cidades que hoje refletem sobre a sua própria reconstrução a partir do *ground zero*.

A reconstrução da Baixa de Lisboa não procedeu automaticamente do papel para o terreno. Trabalhosas operações de nivelamento das colinas de entulho, por vezes da altura de prédios — uma "visão pouco crível a quem não a testemunhou" como então se escreveu — foram avançando lentamente pelo inverno seguinte. Quando chovia, as lamas que derrocavam eram ainda perigosas e por vezes traziam consigo cadáveres de animais presos nas ruínas; o centro de Lisboa, desiluminado e cheio de escombros, era assustador à noite; os sobreviventes evitavam lá passar. Acrescia que grande parte deles, aliás, não desejava regressar a edifícios sólidos.

A vida da cidade deslocou-se nos anos seguintes para os acampamentos provisórios. Era a partir da Real Barraca que o rei cavalgava para o que se supunha serem os seus encontros amorosos com a marquesinha de Távora; e foi quando regressava à Real Barraca, num dia de 1758, que mãos desconhecidas o alvejaram e atingiram num braço.

A intenção de matar o seu soberano (se é que houve essa intenção, uma vez que o rei vinha incógnito) é o pior dos crimes. Num quadro de pensamento regalista, então, é mais do que absolutamente indesculpável; é um crime horrendo, impensável, de dimensões quase incomensuráveis. Não é exagero dizer que este foi o segundo terremoto do reinado de dom José 1. Pelo menos a julgar pelo tratamento que mereceu. Uma nova igreja, chamada da Memória, foi construída para não deixar esquecer este ato.

É com este ato edificatório contra o esquecimento que António Pereira de Figueiredo termina o seu *Diário*:

> Neste dia sempre infausto dedica o Rey Fidelissimo á Beatissima sempre Virgem Maria, nossa Senhora, hum novo Templo no lugar em que os sacrilegos traidores descarregárão sobre o espaldar da sege os bacamartes, por voto que fez á mesma Senhora pela immunidade com que foy servida preservá-lo de tão horrendo insulto. Sua Magestade Fidelissima deita os primeiros fundamentos: O Eminentissimo Cardeal Patriarcha de Lisboa consagra o novo Altar... Assiste a esta Regia função toda a Corte. FIM.

Note-se por um momento os qualificativos que Pereira de Figueiredo emprega para descrever os crimes, supostos ou reais, dos Távora — como veremos adiante semelhantes para tratar os jesuítas. "Dia sempre infausto", "traidores", "tão horrendo insulto". Encontram-se noutros autores expressões semelhantes; mas este é o mesmo Pereira de Figueiredo que iniciara o mesmo livro escrevendo sobre o sismo da forma tão seca e abstrata como notámos no início do capítulo cinco. Estas expressões permitem-nos assim desenhar um círculo completo não só sobre o próprio *Diário*, mas também sobre um tema maior que se vem formando desde o capítulo segundo, sobre o ano banal de 1755 antes do Terremoto, visto, por exemplo, pela *Gazeta de Lisboa*. O pombalismo fez do Grande Terremoto um acontecimento natural, terrível certamente, mas sem outras implicações que não as do rescaldo e da reconstrução — enterrar mortos, cuidar de vivos. Fez assim o possível por subtrair o sismo às interpretações do sismo como expressão de uma vontade.

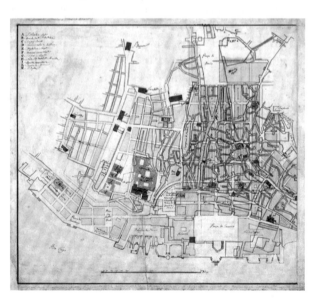

O sismo, por terrível que tivesse sido, não colocou em causa a ordem tal como o regalismo a entendia. Já o atentado contra o rei, esse sim, foi a expressão de uma vontade capaz de desequilibrar o estado divinamente pré-determinado do reino, um ataque do caos contra a ordem que emanava do soberano. Como sabemos, resultaria na execução dos Távora e do Duque de Aveiro. Esta execução e a expulsão dos jesuítas são os dois eixos principais da ação política nos anos que se seguem ao Terremoto. Até 1759 elas chegam mesmo a eclipsar os problemas da reconstrução, que vai avançando lentamente, para já, sob a égide de Manuel da Maia, Eugénio dos Santos e Carlos Mardel.

Mas não eclipsam um outro debate com o qual têm até alguns pontos de contato. Enquanto Sebastião José de Carvalho e Melo ia consolidando o seu poder, os súditos ainda iam tentando entender o que lhes sucedera a 1º de novembro de 1755.

Auto da fé da Inquisição no Terreiro do Paço *(c. 1762)*,
gravura de autoria desconhecida

.8.
O que nos aconteceu? — 1772: um censor entrega o seu relatório — 1761: a primeira morte de Gabriele Malagrida

EM ABRIL DE 1772 um censor chamado Joaquim de Santana, deputado da Real Mesa Censória, entregou o seu relatório sobre um pequeno livro impresso.

O Grande Terremoto fora dezasseis anos e seis meses antes. Sebastião José de Carvalho e Melo ganhara o título de conde de Oeiras havia treze anos, depois das execuções dos Távora e da expulsão dos jesuítas, e o de marquês de Pombal havia três anos. Em 1768 representara-se pela primeira vez, oficialmente, uma peça de Molière, o dramaturgo de Luís XIV de França. A peça escolhida foi *Tartufo, ou o Hipócrita*. Por oportunidade política — outros diriam oportunismo — o vilão da peça, um devoto, excessiva e exteriormente beato, mas na realidade um pulha intrujão e sem escrúpulos que é desmascarado por um ministro do rei, apareceu vestido de jesuíta na versão portuguesa — não fosse a alguém escapar a moral da história.

> [...] nós temos hum Principe, a quem he abominavel a fraude, e cuja penetração até discortina os corações, de sórte que não [é] fácil ao embuste soprendê-lo. A sua alma adornada de hum discernimento perspicáz olha para as cousas como ellas merecem: não tem lá entrada a prevenção, nem o seu bem ajuizado proceder se despenha em excessos. Preza os sogeitos honrados, e o zelo que mostra he sem deslumbramento: o seu amor á verdade não embaraça o conhecer quanto horror merece a impostura, nem este Embaidor tinha arte bastante para o enganar, pois sabe o Rei desenredar-se ainda dos mais escondidos laços...

O reaparecimento do Teatro do Bairro Alto, ainda que com um reportório de estilo completamente diverso, é também sinal de que a vida ia voltando ao normal. A vida já não se fazia nos abarracamentos e campos de refugiados em torno da cidade. A pouco e pouco ia regressando a Lisboa; aproveitando primeiro os bairros menos consumidos pelo Grande Terremoto e, progressivamente, a reconstrução da Baixa, que agora seguia a bom ritmo. A cidade também ia crescendo no sentido dos novos bairros do Rato, da Estrela e de Campo de Ourique, onde o marquês tencionava instalar as novas indústrias do reino — de chapéus, de pentes ou de sedas.

No mesmo mês em que se estreou nacionalmente o *Tartufo* — somente 99 anos depois da sua primeira representação na corte de Versalhes — publicou-se o decreto que fundava a Real Mesa Censória. Esta instituição deteria, a partir de então, os direitos de censura que antes estavam dispersos por três autoridades diferentes: a Coroa (através do Desembargo do Paço), os bispos e a Inquisição. Ficavam a perder, portanto, a Inquisição e os bispos. A primeira, presidida agora por um irmão de Pombal, não tinha muita margem de manobra. Perdera também, entretanto, o direito de executar a pena de morte. Perdera principalmente uma das suas grandes razões de viver quando Pombal — perdão, dom José I — decidiu abolir a distinção entre cristãos-novos e cristãos-velhos. Enfim; se um gestor de empresas atual entrasse na máquina do tempo diria que a Inquisição estava a passar por um processo de *downsizing*.

Quanto aos bispos, pelo menos um deles — o de Coimbra, dom Miguel da Anunciação — protestou contra esta inovação na política de censura, afirmando que a sua autoridade de conceder ou não o *imprimatur* aos livros vinha do papa e não do rei. Estava perfeitamente correto e foi prontamente preso por crime de lesa-majestade. A Real Mesa Censória, com o seu corpo de censores novinho em folha — e lá está entre eles o novo bispo de Beja e futuro arcebispo de Évora, dom Manuel do Cenáculo, o bispo de Penafiel dom Inácio de São Caetano (talvez um pombalista menos completo), além do já nosso conhecido António Pereira de Figueiredo — entrou ao serviço.

Foi no plenário dos deputados da instituição, que se reunia normalmente às terças-feiras, que Joaquim de Santana entregou naquele abril de 1772 o relatório sobre um livrinho intitulado *Juízo da Verdadeira Causa do Terremoto*. Formalmente, esta censura é um documento invulgar e muito interessante. Com trinta páginas manuscritas, a censura é mais extensa do que o próprio texto que era suposto examinar. À primeira vista, dir-se-ia mesmo um texto de amanuense pronto a apresentar-se à censura e a entrar no prelo.

JUIZO
DA VERDADEIRA CAUSA
DO
TERREMOTO,
QUE PADECEO
A CORTE
DE LISBOA,
NO PRIMEIRO DE NOVEMBRO
de 1755.
PELO PADRE
GABRIEL MALAGRIDA
da Companhia de JESUS, Missionario
Apostolico.

LISBOA:
Na Officina DE MANOEL SOARES.
M.DCC.LVI.
Com todas as licenças necessarias.

Eu fui encarregado de examinar, e interpor o meu parecer sobre o Papel, que tem por titulo = Juizo da verdadeira causa do Terremoto, que padeceo a Corte de Lisboa, no primeiro de Novembro de 1755 = Author, Gabriel Malagrida Jesuita: cujo papel foi impresso em Lisboa, na officina de Manoel Soares, anno de 1756.

"Este infame, malicioso, temerario, e heretico papel, que ainda lido em outros tempos, não faria impressão alguma sensivel nos homens verdadeiramente sabios, e pios, livres de illusões, e preocupações fanaticas; no tempo, no qual por merce, e graça do Altissimo a Nação Portugueza tem chegado a hum gráo superior de illuminação; e muito mais estando instruida pela sabia, e rectissima Sentença da Regia Meza do Santo Officio, a qual deo a conhecer a todo o Mundo, que monstro foi o Heresiarca Gabriel Malagrida; qual sua falsa Religião; quaes suas preversas, maliciosas, e sempre temporaes intenções; só poderá servir de objecto de irrisão, e de huma prova ultima para completamente se conhecer a ignorancia, a hipocresia, a ambição, e a malicia do sobredito herege.

Ao contrário do que era habitual, o censor não estava neste caso a decidir da atribuição de licença de impressão a um texto manuscrito, mas a examinar um livro já impresso no próprio reino. Trata-se de um fato pouco comum, pois em princípio os censores não examinavam livros impressos a não ser que se tratassem de livros importados do estrangeiro. Quanto à produção nacional, o papel do censor era autorizar ou não os manuscritos a chegar à impressão, que não podia ser feita sem licença régia.

Ao ler aquelas primeiras palavras do censor, a impressão com que imediatamente se fica é a de que este *Juízo da Verdadeira Causa do Terremoto* não pode ser um livro qualquer. O tom do censor é extremamente violento: ainda a primeira frase da sua censura não está terminada e já o texto sob o seu exame é "infame, malicioso, temerario, e heretico". É, pois, inevitável conceder-se que se esta censura é especial é porque o próprio livro censurado é um livro especial.

E, DE FATO, o *Juízo da Verdadeira Causa do Terremoto* tinha desempenhado um papel importante na fase de consolidação do poder do agora marquês de Pombal após o Grande Terremoto. O autor era um jesuíta italiano chamado Gabriel (ou Gabriele) Malagrida, um homem de 66 anos que tinha passado grande parte da sua vida no Brasil, ou melhor, no Maranhão. Quando voltou para a Europa, nos anos finais do reinado de dom João v, estabeleceu-se em Lisboa já com uma sólida reputação de homem santo. Conquistou também um lugar preponderante na corte enquanto bom pregador e confessor. Nos dias que se seguiram ao Grande Terremoto, Malagrida era certamente uma das figuras mais escutadas pelos devotos católicos e, pelo seu lado, não tinha quaisquer dúvidas: os lisboetas tinham culpa do sismo, o sismo era um castigo divino. Disse-o em vários sermões nas semanas e meses seguintes. Os fatos aparentemente recalcitrantes a esta teoria — como a destruição de tantas igrejas e a sobrevivência da rua dos bordéis — não o detinham. A razão pela qual se tinham destruído tantos templos era até, precisamente, porque os lisboetas se comportavam mal dentro das próprias igrejas. Provavelmente no início de 1756, o padre Malagrida decidiu passar este sermão a escrito e publicá-lo: o livrinho resultante é o *Juízo da Verdadeira Causa do Terremoto*, que Joaquim de Santana haveria de vir a censurar tantos anos depois.

Escrevê-lo deixou-o malquisto com Sebastião José de Carvalho e Melo, que via justamente aquele tipo de discurso como um entrave à resolução política da catástrofe. Traduzindo: se os súditos de dom José I se enfiassem todos nas igrejas a expiar os seus pecados, quem enterraria os mortos e cuidaria dos vivos? E quem reconstruiria a cidade? Mas, talvez pior do que isso, o argumento de Malagrida era inaceitável pelo que representava em relação à imagem do próprio reinado de dom José i. Quem era afinal tão mau católico em Lisboa? Os próprios súditos do rei, na própria corte e cabeça do reino. Isto era inaceitável; e muito menos era Malagrida alguém para o dizer.

O braço-de-ferro com os jesuítas — cuja causa próxima é (com toda a probabilidade e apesar de toda a polémica) a resistência da Companhia de Jesus em cumprir com o tratado de 1750, que delimitava as fronteiras entre os impérios português e espanhol no Sul do Brasil — deixou Malagrida numa posição mais complicada, que ele agravou com a sua mania impertinente de profetizar coisas e atrair histórias de milagres. Para piorar as coisas, Malagrida era próximo dos Távora e, acreditava Carvalho e Melo, tinha sido um cúmplice moral do atentado de 1758 contra a vida do rei — crime horrendo sobre todos os crimes. Em 1759 Malagrida foi preso e em setembro de 1761 teve a duvidosa honra de ser a última vítima mortal da Inquisição portuguesa.

Um final inesperado, se pensarmos que a Inquisição andou mais de duzentos anos a queimar judeus e hereges para acabar condenando um padre ultradevoto. Para os inquisidores que lhe leram a sentença, contudo, Malagrida não era menos herege do que os outros.

Todos estes acontecimentos foram acompanhados de ondas de polémica duradouras, tanto no reino como no estrangeiro.

Seria interessante tentar perceber por que se empenhou o pombalismo tardio e consolidado, onze anos depois, em levar a obra ao mesmo destino que o seu autor. A produção desta censura em 1772 parece ainda mais redundante se pensarmos que, para além da condenação inquisitorial, o *Juízo da Verdadeira Causa do Terremoto* se encontrava também proibido pelas disposições gerais emitidas pelo Desembargo do Paço aquando da expulsão da Companhia, e que interditavam a leitura de obras jesuíticas. Embora não esteja dentro dos limites deste texto, vale a pena realizar uma breve incursão no contexto do "caso Malagrida".

Para começar, aliás, a pergunta certa deve ser: como foi publicado afinal o livro deste heresiarca? Poderia ele ter sido publicado sem a censura correspondente? Não. Não havia exceção a esta regra. O primeiro fato interessante é o de que a edição do *Juízo da Verdadeira Causa do Terremoto* em 1756 fora inteiramente legal, "com todas as licenças" — não uma censura, mas três — e positivas. Na altura não existia ainda a Real Mesa Censória, o que forçara o texto a passar, como era hábito desde há mais de dois séculos, por três exames de três censores diferentes, cada um deles nomeado respectivamente pelo Desembargo do Paço, pelo "ordinário" (nome dado à censura episcopal, no caso presente a do patriarcado de Lisboa) e pelo Santo Ofício — que pouco tempo depois haveria de condenar o autor do texto pelo texto que a própria instituição aprovara. E o livro de Malagrida passou com elogios pelos censores de 1756.

A censura de Joaquim de Santana ao *Juízo da Verdadeira Causa do Terremoto,* em 1772, constitui assim um duplo diálogo, ainda que um diálogo por omissão. Mais do que uma interpelação ao próprio autor, já morto havia onze anos, ou ao seu livro, também já há muito condenado, trata-se de uma resposta à continuada polémica sobre a execução de Malagrida, através da produção de um documento legal que faltava na acusação. E trata-se também de um diálogo (ainda que de regras viciadas) com os censores que antes haviam aprovado o livro.

Ampliando o raciocínio, poderíamos ainda identificar nela um diálogo entre dois portugais diferentes, separados por apenas uma década: o Portugal do pombalismo triunfante, que acusa esta obra de ser um "infame, malicioso, temerario, e heretico papel", obra de um "heresiarca" e "fanático" que foi "um monstro", e o Portugal que antes a aprovara nestes termos:

> Li com grande gosto este papel, que vejo ser invenção, e composição do P. Gabriel Malagrida da Companhia de JESUS e varaõ bem conhecido pelos seus apostolicos empregos... reluz nelle tanto a chãma superior, que incende ao Author, que bem mostra ser forjado naquella frágoa, onde reside hum espirito... só quem vive assim, sabe formar hum juizo tão proprio das obras de Deos...

Se lermos o texto de Malagrida abstraindo-nos dos acontecimentos posteriores à sua edição, a primeira coisa que salta à vista é a sua banalidade. É, certamente, um texto muito devoto, o que poderá eventualmente explicar-se pelas circunstâncias em que foi editado, na sequência do 1º de novembro de 1755. O texto de Malagrida assemelha-se a um sermão — e, como vimos, é como sermão que de fato nasce. Inspirando-se sucessivamente no exemplo de vários profetas, o padre toma para si o fardo de dizer à cidade qual a verdadeira causa do terrível sismo:

> Sabe pois, oh Lisboa, que os unicos destruidores de tantas casas, e Palacios, os assoladores de tantos Templos, e Conventos, homicidas de tantos seus habitadores, os incendios devoradores de tantos thesouros, os que a trazem ainda tão inquieta, e fóra da sua natural firmeza, naõ saõ Cometas, naõ saõ Estrellas, naõ saõ contigencias, ou causas naturaes; mas saõ unicamente os nossos intoleraveis peccados.

Esta passagem é o motivo central do texto, bem como o da censura, onde a sua análise ocupa quase metade do documento. Ela é o crime de Malagrida: ter defendido uma explicação sobrenatural para a ocorrência do Grande Terremoto. Joaquim de Santana classifica alternadamente esta posição como ignorante e temerária, supersticiosa e herética. Temerária ou mesmo herética porque se arroga a capacidade de conhecer a "verdadeira" causa do Terremoto, ou conhecer o desígnio de Deus sobre os pecados dos lisboetas. Ignorante e supersticiosa porque está

> bem persuadido o homem sabio, que calculou a Natureza, que todos os sobreditos, e ainda outros males são naturalissimos effeitos das suas causas Naturaes, e naturalmente reguladas.

O PADRE MALAGRIDA PRÉGANDO LOGO DEPOIS DO TERREMOTO

Em última análise, aquele excerto de Malagrida é ainda "hipocrita", "diffamador" e "insolente". Porque ao utilizar o termo "intoleráveis"

> ... com elle qualifica os peccados dos moradores de Lisboa
> no superior gráo de graves, de publicos, e de escandalosos;
> e pouco lhe faltou para dizer, que estava Lisboa feita outra
> Babilonia, outra Ninive, outra Sodoma, ou alguma outra
> infame Cidade.

É verdade que pouco lhe faltou para dizer, mas quem acaba por fazê-lo é o próprio censor. E, valha a verdade, a reconstituição política do passado pode muito. A sermos rigorosos teremos de dizer que aquilo que escreveu Malagrida — ou variantes daquilo que ele escreveu — pouco mais era do que um lugar-comum na literatura católica de então. E, em Portugal, católica era toda a literatura; que Deus interviesse nos negócios dos homens através da natureza era, mais do que banal, uma evidência provada amplamente pelas Escrituras.

É a necessidade de fazer face a uma catástrofe da dimensão do Grande Terremoto que começa a alterar este estado do debate. Aquilo que era uma banalidade católica passa a ser um obstáculo à vontade do soberano — à razão de estado, diríamos — e um perigo para o próprio público.

É essencial notar, porém, uma particularidade do debate. É que se as razões para o combate à explicação teológica do sismo são políticas, a decisão da contenda dá-se no campo do adversário — a teologia. Em nenhum momento o censor — ou o pombalismo em sentido lato — acusa Malagrida de ser um perigo para a saúde pública, de desmoralizar os súditos, de desrespeitar os ministros do rei. Bem pelo contrário: Malagrida é herege, temerário e impertinente, não perante o monarca mas perante o Espírito Santo. Também não se diz que Malagrida não pode absolutamente ter razão: o censor sabe que Deus pode provocar terremotos. O que se diz é que Malagrida não é ninguém para o saber; só Deus sabe das suas próprias razões e quem as tenta adivinhar comete um pecado — note-se, um pecado, e não um crime — gravíssimo.

Em suma: as razões até podem ser políticas, mas argumentos teológicos combatem-se com outros argumentos teológicos.

O censor oscila permanentemente entre o projeto de produzir uma censura erudita e a necessidade eminentemente política de intervir na polémica sobre a execução de Malagrida e, acima de tudo, a expulsão dos jesuítas, ajudando a justificar retrospectivamente a execução do autor do *Juízo da Verdadeira Causa do Terremoto*. Não é exagerado sugerir que a própria redação da censura tenha sido "encomendada" de fora da Real Mesa Censória, eventualmente pelo próprio marquês de Pombal.

Também se pode admitir que, dadas as circunstâncias políticas deste caso, a decisão final já houvesse sido tomada muito tempo antes, provavelmente antes mesmo de Joaquim de Santana ter dado início à sua censura.

> Procedendo pois a final, julgo, que o Papel, que tem por Titulo; *Juízo da Verdadeira causa do Terremoto, que padeceo a Corte de Lisboa no primeiro de novembro de 1755.* Author Gabriel Malagrida; he impio, temerario, infame, e heretico; e como tal digno das mesmas penas com que foi castigado seu Author por Herege, e inventor de novos erros hereticos: Sou de parecer, que o sobredito infame papel seja queimado publicamente na Praça do Commercio pelo Executor da Alta Justiça; e que todos os Exemplares sejam recolhidos por hum Edital, para ficarem suprimidos na Secretaria desta Meza. Lisboa 6 de Abril de 1772.

Em 1761 Gabriele Malagrida foi vitimado pelo fogo. Mais de uma década depois, o seu *Juízo de Verdadeira Causa do Terremoto* seria "queimado publicamente na Praça do Comércio".

"Quemar libros y erigir fortificaciones es tarea común de los príncipes", escreve Jorge Luis Borges num conto sobre Shih Huang-Ti, o imperador chinês que mandou edificar a grande muralha da China — e que mandou também queimar todos os livros produzidos antes de si. Segundo Borges, estas medidas são as duas faces de uma mesma moeda: com a muralha o imperador desejou delimitar o espaço; com a queima dos livros quis delimitar o tempo e obrigar a que a história começasse consigo. Segundo Borges, ambas as medidas refletem um desejo de imortalidade inerente ao exercício do poder. O imperador sonhara fundar uma dinastia imortal: "ordenó que sus herederos se llamaran Segundo Emperador, Tercer Emperador, Cuarto Emperador, y así hasta lo infinito...".

Este conto relembra-nos, se tal necessidade existe, que o poder se exerce sempre por oposição a outro espaço e a outro tempo. A "abolição do passado" de Shih Huang-Ti é apenas uma manifestação grandiosa (à altura da grandiosidade da muralha), desta dupla oposição. No entanto, é tão imperfeito o trabalho da muralha como impossível a abolição do passado. Se sabemos que houve uma fogueira de livros é porque existiram livros anteriormente; só a memória do passado e não o próprio passado se pode sujeitar a intervenção.

Ainda assim, a intervenção sobre a memória é crucial para a prática do poder. A censura, tal como a propaganda, desempenharia assim, no território da memória, o equivalente às funções que desempenham as fortalezas, os baluartes e os exércitos no território real, geográfico, dos reinos e dos impérios.

Nas censuras da Real Mesa Censória encontramos essa função expressa de maneira clara, nomeadamente nos casos em que o conteúdo dos textos repugna à visão regalista da soberania monárquica.

No caso de Malagrida, a disputa pela memória é ainda mais clara, evidentemente porque se trata da memória dos portugueses e de uma memória mais recente, bem mais próxima das linhas de delimitação do pombalismo, no próprio interior do reinado de dom José 1. Malagrida defende que o sismo foi causado pelos pecados dos lisboetas naqueles tempos? O censor contra-ataca, intervindo sobre a memória desse passado anterior ao grande sismo, mas acima de tudo, do passado anterior ao pombalismo. Este não é referido, mas está implícito:

> Confrontemos Lisboa comsigo mesma; vejamos o como esta Capital se conduzia pelo anno de 1755 e o como se condusira annos antes do Terremoto do primeiro de novembro. Muitos sabem que naquelles tempos anteriores esteve a justiça em muitos, dos que a administravam, bastantemente corrumpida: Que os Templos do Senhor eram casas de abominação, e escandalo; [...]
> Que as tardes dos Domingos da Quaresma, que por ser tempo designado pela igreja para a penitencia, se fazia mais recommendavel a modestia, a decencia, e a santidade, eram, as que a malicia reputava mais opportunas para as sobreditas dissoluções, e desacatos; [...]
> Finalmente que os concubinatos eram tão publicos, que quasi se tinha perdido, não digo ja o Santo Temor de Deos, porem o mesmo pejo natural; [...] E devêra notar o Malagrida, que naquelles annos em que isto sucedeo a vista e face desta Corte, não houve terremotos.
> He bem certo, que muito annos antes de 1755 não só não existiram os sobreditos escandalos; mas que a elles haviam succedido a sezudesa, a emenda dos costumes, e até devoção universal de toda esta Corte. Sim haviam peccados, porque não deixará de os haver, em quanto houver mundo, habitado por homens de huma natureza debil, frouxa, e corrumpida com hum peccado de origem, que passa de huns, a outros como herança fatal; porem não havia alguns dos referidos escandalos.

Mais uma vez, o pombalismo dialoga, pela voz de um deputado da Real Mesa Censória, com o seu passado. Tal como com Shih Huang-Ti, dir-se-ia que ele o assombra. Não se trata de uma novidade: a censura (bem como a propaganda) é uma forma de intervir sobre as memórias do passado e de reconfigurar as narrativas através das quais ela sobrevive.

O voluntarismo pombalista não possuiu a escala do de Shih Huang-Ti. Constituiu contudo um momento poderoso de reconfiguração da memória coletiva, sem par em qualquer outro do século XVIII português, e um dos mais radicais da Europa pré-revolucionária. E a instituição da Real Mesa Censória, bem como a reforma da Universidade de Coimbra na mesma época, foram algumas das formas principais de delimitação do passado que o regime utilizou.

O pombalismo viveu claramente ancorado na criação e rememoração de narrativas que lhe eram muito próprias ou mesmo exclusivas. Pode dizer-se que grande parte do poder acumulado pelo marquês se fundou na forma como impôs as suas narrativas (sobre a expulsão dos jesuítas e sobre o "atentado" ao rei, nomeadamente), às vezes à custa (como vimos no caso de Malagrida) da inflação de fatos aparentemente banais.

O que vale para a razão humana vale para a razão de estado: sem memória não existe; sem esquecimento não sobrevive. Não nos surpreendamos pois se, numa época como o pombalismo — em que se funda de forma decisiva a razão de estado em Portugal — exista este esforço tão vigoroso para controlar não só o que se lembra e a forma como se lembra, como também o que se esquece e a forma como se esquece.

O pombalismo é célebre devido a este esforço por vezes paradoxal. No caso da "narrativa" do atentado ao rei, por exemplo, são conhecidos os esforços para perpetuar na memória coletiva a execução dos Távora — mandando imprimir folhetos em que ela é cruelmente recontada em todos os seus pormenores —, ao mesmo tempo que os seus nomes são apagados de lápides e inscrições. Não se tratava, pois, de banir totalmente a memória dos Távora, mas de a reformular — garantir que eles fossem lembrados e esquecidos apenas de determinada forma.

A interpretação do gesto é clara: uma reforma deve iniciar-se e justificar-se através de uma releitura do passado.

Elemento central na política cultural do pombalismo, a Real Mesa Censória é pouco conhecida e estudada. A historiografia clássica dividiu-se e mesmo na literatura mais recente a natureza da sua ação é confusa. Foi provavelmente pensando nestas contradições que o satirista anónimo citado acima chamou a Pombal um "Restaurador quimérico das Letras", mas um "Real Perseguidor dos Sábios". E foi certamente pensando em questões como a Real Mesa Censória e como ela não encaixa bem no nexo que o senso comum estabelece entre iluminismo, tolerância, pluralismo e abolição da censura que Kenneth Maxwell chamou a Pombal um "paradoxo do iluminismo".

O caso de Gabriel Malagrida e a censura aqui citada fazem parte dessa releitura do passado e desse paradoxo do iluminismo.

Ruínas da igreja de São Nicolau *(c. 1756)*,
gravura de Jacques Phillipe Le Bas

.9.
Ondas de choque na República das Letras
— Voltaire contra Leibniz e Pope —
Rousseau contra Voltaire —
O mundo contra
Cândido

SEGUNDO CONTA nas suas duas autobiografias, *História da minha fuga da Prisão dei Piombi* e *História da minha vida*, na manhã de 1º de novembro de 1755 Giacomo Casanova encontrava-se deitado no seu catre nas masmorras do palácio dos Doges, quando viu, de repente, deslocar-se uma laje do teto da sua cela e descobrirem-se, por detrás dela, as nuvens e o céu de Veneza. Casanova apercebeu-se de que tinha ali a sua grande oportunidade de fugir, hesitou por momentos — e a laje voltou a cair no lugar.

Passado umas semanas foi informado do "Terremoto de Lisboa", fez as contas, e ligou as duas coisas. Casanova tinha então trinta anos. E o acontecimento estava ainda perfeitamente fresco na sua memória quando, passados outros trinta anos, assentou da sua vida aventurosa e foi trabalhar para o Conde de Waldstein num castelo situado na atual República Checa — um trajeto, afinal de contas, da boémia para a Boémia.

A história dos breves segundos em que Casanova poderia ter aproveitado para fugir da Prisão dos Chumbos permite-nos unir num só feixe dois tipos de efeitos do sismo de Lisboa. Por um lado, temos na laje deslocada o efeito físico. Terá de fato resultado do sismo de Lisboa? O que é certo é que nas semanas e meses que se seguiram ao sismo, toda a gente tinha uma história para contar sobre coincidências físicas ou místicas. Estas histórias eram de vários gêneros: desde o pastor dos Pirenéus franceses que, ao beber de uma fonte no dia 1º de novembro pela manhã, reparou que a água se transformara de repente em sangue, até uma ocorrência aparentemente singela como a que narrou Casanova. No fundo, trata-se da versão sempiterna das histórias sobre onde estávamos quando ocorreu ou quando soubemos de um acontecimento grave. Durante uma geração, as pessoas lembravam-se dos detalhes relacionados com o "Desastre de Lisboa", mesmo que esse desastre se tivesse dado a milhares de quilómetros.

O segundo efeito tem pouco a ver com a distância. O Terremoto fez-se sentir em territórios específicos, como Portugal, Espanha, Marrocos e outros ainda. Mas fez-se também sentir num território imaterial, um estado de que Casanova fazia parte: a República das Letras. A República das Letras era uma entidade tão real ou tão virtual como qualquer outra. O que importa é que os seus membros se identificavam na pertença comum — e o que é uma comunidade senão isso?

A República das Letras assentava no reconhecimento de que os homens letrados, curiosos e filosóficos criavam entre si uma categoria social que não podia ser reconhecida de outra forma: os republicanos das letras não eram exclusivamente clérigos ou nobres, advogados ou negociantes, autores de folhetos baratos ou lentes universitários, nem sequer alemães, italianos ou franceses. Havia de tudo isso, e num determinado plano, circunscrito pelos seus interesses intelectuais, os republicanos das letras estavam mais próximos uns dos outros do que dos seus compatriotas, confrades ou pares das categorias respectivas.

Havia não pouca discórdia entre estes republicanos das letras. Havia quem considerasse alguns pouco merecedores do título. Uns atacavam os restantes por serem ateus; estes respondiam com acusações de superstição. No todo, porém, havia pouquíssimos — se é que chegava a haver algum — que não considerassem que existia um Deus e que esse Deus se poderia identificar com a Razão e a Natureza com maiúsculas.

Outra questão praticamente pacífica entre estes filósofos era a ideia de que, no que tocava à posse do conhecimento, viviam numa época privilegiada em relação a todas as outras ou — para usar os termos próprios — viviam num "século de luzes". A expressão "neste século de tantas luzes", a referência às "luzes do entendimento" de alguém, ou a classificação de determinada atitude como "indigna das luzes do nosso tempo", todas concorrem para reforçar o mesmo sentimento.

A visão que hoje em dia temos do iluminismo — do movimento das "luzes" no século XVIII — é em grande parte determinada pelos autores que demonstraram ser mais originais e fecundos para os séculos seguintes, os autores a que poderíamos chamar de iluministas *clássicos* ou até *radicais*: Kant e Voltaire, Hume e Montesquieu, Rousseau e Diderot, entre outros. Isto pode causar a impressão equívoca de que os seus contemporâneos mais tradicionais não pertenciam às luzes. Mas os visados não concordariam. Muita gente se reclamou das "luzes" no século XVIII: padres, publicistas e censores, políticos e até monarcas. Quando se tornam incompatíveis, uns menosprezam as "luzes" dos outros, mas ninguém se autoexclui delas.

A República das Letras tinha os seus meios de comunicação, os seus hábitos e rituais, as suas instituições e os seus escalões hierárquicos. As "autoestradas da informação" da república estão na correspondência, na troca de livros, folhetos e opúsculos e na circulação de gazetas e gravuras.

O Terremoto de Lisboa não acontece, em suma, no vazio. A notícia propaga-se por essa rede de cartas, impressos e manuscritos e, principalmente, pela rede de contatos sociais que estava na substância da República das Letras. Um jovem alemão, Immanuel Kant, e um espanhol já consagrado, Benito Feijóo, ofereceram explicações naturais para os sismos (a ação de gases subterrâneos na crosta terrestre, no primeiro caso; diferenças de eletricidade entre placas de minerais, no segundo). Mas estas explicações naturais não foram em si relevantes (na verdade, ambos estavam errados), antes a ideia de que a explicação *tinha* de ser natural. Em suma, os republicanos das letras reconheceram imediatamente que estavam diante de um acontecimento importante. Importante em si, e importante também pelas reações que gerava e que estes filósofos haveriam de tentar enquadrar.

No estudo em que comparou as visões de Auschwitz enquanto emblema do mal humano absoluto com as visões de Lisboa enquanto emblema do mal natural, Susan Neiman recordou a famosa frase de Theodor Adorno segundo a qual "não há poesia depois de Auschwitz", para assinalar que Voltaire, pelo seu lado, escreveu poesia imediatamente após Lisboa. E não só "houve poesia após Lisboa" como, para a República das Letras, foi a poesia — nomeadamente a de Voltaire — que delineou uma das principais grelhas de leitura da catástrofe e que transformou o Grande Terremoto no "Desastre de Lisboa", outorgando-lhe as suas cartas de nobreza filosóficas.

VOLTAIRE RECEBEU A NOTÍCIA do Grande Terremoto no seu retiro helvético ainda durante o mês de novembro de 1755. Mais tarde, contribuiria para creditar ao Desastre de Lisboa um violento abalo pessoal e cultural. No dia 16 de dezembro, Voltaire já tinha pronta uma primeira versão do seu *Poema sobre o Desastre de Lisboa*. Completara sessenta anos em 1755 e estava no auge do seu fulgor intelectual; no mesmo dia escreveu uma carta a um dos seus inúmeros correspondentes. O que essa carta nos revela é um Voltaire que não se deixava abalar por qualquer fato, por muito terrível que fosse. Embora sentisse profundamente a dor das vítimas do sismo, mantinha o sentido das proporções: "lamento tanto quanto vós os portugueses", escreveu,

> mas os próprios homens não deixam de se estropiar mais ainda na sua pequena toca do que quanto mal lhe faz a natureza. Nas nossas guerras cortam-se as gargantas de mais homens do que aqueles que as gargantas da terra engolem durante os terremotos.

Esta posição não deixa de ser muito semelhante à de Leibniz, autor que Voltaire atacará violentamente nas suas obras sobre o Grande Terremoto de Lisboa. Apesar de defender que os terremotos, bem como as restantes catástrofes, fazem parte de um mundo que Deus ordenou de forma tão perfeita quanto possível, Leibniz não deixa de reconhecer que aquilo que é "o melhor dos mundos possíveis" na perspectiva divina pode resultar em sofrimento brutal quando visto do insignificante ponto de vista humano. Contudo, Leibniz assinala que o sofrimento deste mundo tão perfeito quanto possível é menor do que o sofrimento que nós humanos nos autoinfligimos. Numa frase onde ecoam de forma surpreendente as reflexões do "Séneca" do nosso primeiro capítulo sobre os incêndios de Roma, Leibniz lembra que "um Calígula somente, um Nero apenas, provocou mais mal do que um terremoto".

Se em privado Voltaire foi capaz de encontrar um compromisso na sua visão do sismo que, por coincidência ou não, se aproxima de algumas reflexões expressas de Leibniz, na sua obra pública procurou causar o máximo de estrondo possível num choque frontal com o que decidiu chamar de filosofia do "tudo vai bem" do sábio alemão e também, de forma muito particular, com as ideias que o filósofo inglês Alexander Pope defendera no seu *Ensaio sobre o homem*.

Sabe-se que Voltaire preparou com cuidado a edição do seu poema sobre o "Desastre de Lisboa". Deu-o a ler a diversos amigos, pedindo-lhes conselhos sobre a forma como devia apresentar alguns dos seus argumentos. Com precaução, decidiu aceitar as objeções que alguns deles lhe apresentavam quanto ao final, entendido como demasiado pessimista e brutal. O poema deixa bem claro, no seu início, que é uma "análise do axioma 'tudo está bem'". A análise, no entanto, não dura muito. Ao quarto verso, já os proponentes desta ideia são tratados como "filósofos iludidos" e convidados a contemplar a Lisboa destruída, esta refutação cabal das suas teorias:

> Acorrei, contemplai estas ruínas malfadadas,
> Estes escombros, estes despojos, estas cinzas desgraçadas,
> Estas mulheres, estes infantes uns nos outros amontoados
> Estes membros dispersos sob estes mármores quebrados
> Cem mil desafortunados que a terra devora
> Os quais, sangrando, despedaçados, e palpitantes embora,
> Enterrados com seus tetos terminam sem assistência
> No horror dos tormentos sua lamentosa existência!

Assim, quando Voltaire interpela os seus adversários, perguntando-lhes se ainda acham que o sismo é "das eternas leis o cumprimento", nem sequer se digna a dar-lhes resposta. A própria Lisboa destruída *é* a resposta.

A seguir Voltaire vira-se para outra reação possível. Dirá o seu adversário que Deus castigou os lisboetas:

> Direis vós, perante um tal amontoado de vítimas:
> "Deus vingou-se, a morte deles é o preço dos seus crimes"?

A resposta a esta questão é um prato cheio. Se o Terremoto é uma vingança pelos crimes dos lisboetas, colocar-se-ia a questão de saber que terríveis pecados teriam cometido as crianças recém-nascidas, por exemplo.

Não haveria em Paris ou Londres, por exemplo, cidades maiores, mais populosas e mais conhecidas pelos seus escândalos, mais razões para castigar os seus habitantes? Como é possível, aliás, que Deus não tenha castigado Paris, onde se continua a viver em pecado mesmo *depois* do Desastre de Lisboa?

> Lisboa, que não é mais, teve ela mais vícios
> Que Londres, que Paris, mergulhadas nas delícias?
> Lisboa está arruinada, e dança-se em Paris.

Para não deixar o seu poema encravar num tom exclusivamente aflitivo e desanimador, Voltaire concede em introduzir a *esperança* no seu poema. Na realidade, esta noção não altera o fundo filosófico do argumento, e sempre consola qualquer coisa:

> Um dia tudo estará bem, eis aí a nossa esperança;
> Tudo está bem hoje em dia, eis aqui a ilusão.

Quem achou que não se tinha deixado enganar por toda a construção retórica de Voltaire foi Rousseau. Rousseau era cerca de vinte anos mais jovem do que Voltaire (tinha 42 anos à época) mas estava ainda longe de ter atingido o auge da sua carreira. Tinha ainda pouca obra publicada e vivia em semirreclusão também próximo de Genebra, a sua cidade natal. Era natural, contudo, que sentisse já que as suas capacidades intelectuais lhe permitiriam ir muito mais longe.

Rousseau, como veremos em breve, não se sentia intimidado perante as mais altas figuras da República das Letras; via em si qualidades para ombrear com elas e tratá-las de igual para igual — atitude que, quando aliada à sua falta de tato social, passou muitas vezes por rudeza e impertinência.

Qual era então o problema de Rousseau? Em primeiro lugar, Rousseau via no retrato do sistema leibniziano por Voltaire uma série de distorções: o "tudo está bem", que Voltaire humilhara de forma tão gráfica com as suas pilhas de mortos despedaçados e crianças soterradas, não era para ser entendido tão à letra. Rousseau bem vê que "tudo está bem" parece ser uma proposição condenada à sátira. Sem embargo, este apóstolo incansável do detalhe e da honestidade nota que apenas com uma pequena alteração a frase se tornaria compreensível:

> A adição de um artigo tornaria assim, ao que parece, mais exata a proposição; e em lugar de tudo está bem, mais valeria dizer talvez: O todo está bem, ou tudo está bem para o todo.

Ou seja, é certo que nem tudo está bem para toda a gente em simultâneo, e que deixá-lo parecer a quem acabou de ser vítima de uma catástrofe terrível pode ser até desumano. O que Leibniz quis dizer, e que Rousseau parece subscrever, é que *no geral* as coisas estão bem, embora possam estar muito mal para este homem com a perna enfiada debaixo de uma parede ou para aquela mulher que perdeu os filhos.

Pensando melhor, nem sequer se podia dizer que algo estivesse mal com a natureza. Não era culpa da natureza que os lisboetas tivessem construído vinte mil casas numa zona de risco sísmico. Não; a natureza é boa. Já os humanos...

Voltaire disse mais tarde, recordando as polémicas sobre o Grande Terremoto de Lisboa, que o seu principal efeito tinha sido tornar as pessoas mais introspectivas. Mas, apesar do seu retiro rural, assumia uma posição de extroversão quase extrema; desde a sua juventude nunca tinha hesitado em procurar o escândalo (e o sucesso) público. Já Rousseau era praticamente o seu oposto. Antissocial por tendência temperamental e filosófica, Rousseau já tinha a sua dose de introspecção, mesmo sem precisar do Terremoto de Lisboa. Era com horror que via o poema de Voltaire roubar-lhe o pouco que ainda lhe restava: a crença na natureza e na providência divinas.

Voltaire, chegado do otimismo, queria retirar aos seus leitores a ilusão de que a providência cuidava deles em particular, ou, segundo a versão em voga, que lhes queria o bem mesmo quando lhes fazia o mal. Mas a Rousseau não restava mais nada. E mesmo que Voltaire tivesse razão, as suas razões resultavam más: provocavam descrença, desânimo e mau viver.

> Que me diz agora o vosso poema? Sofre para sempre, infeliz. Se foi um Deus que te criou, ele é sem dúvida todo-poderoso; ele podia prevenir todos os teus males; então nunca esperes que eles tenham fim; pois não se poderia ver por que existes tu, a não ser para sofrer e morrer.

Estariam Pope e Leibniz errados? Seriam as suas doutrinas ingénuas? Que assim fosse; no entanto elas predispunham o homem num sentido que era globalmente correto. Já as ideias de Voltaire, mesmo que corretas, punham o homem no caminho errado.

> Não sei o que semelhante doutrina possa ter de mais consolador que o otimismo e que a própria fatalidade. Por mim, confesso que ela me parece mais cruel ainda... se há que escolher entre dois erros, gosto ainda mais do primeiro.

A carta que Rousseau escreveu a Voltaire tem sido entendida por diversas gerações de historiadores como uma espécie de insolência juvenil de Rousseau, o que — tendo em conta que Rousseau já não era propriamente um jovem — se poderia explicar por uma certa inveja em relação ao estatuto de Voltaire na República das Letras. E, de fato, não deixa de haver uma certa autocomiseração quando Rousseau, logo nas primeiras linhas, se lembra de assinalar a sua estranheza em relação ao novo "pessimismo" de um homem rico, saudável e bem-sucedido como Voltaire, quando ele mesmo, Rousseau, pobre, doente e desconhecido, não deixava de acreditar na providência.

É certo que Voltaire se escusou a responder detalhadamente à carta de Rousseau, enviando-lhe apenas um recado que dava conta de encontrar-se adoentado e, de modo geral, com falta de tempo para responder às reflexões do jovem suíço. É duvidoso, contudo, que Voltaire tenha ignorado Rousseau por causa da impertinência deste último, até porque a impertinência raramente escandalizava Voltaire. Parece mais seguro dizer-se que a atitude dos dois autores em relação à polêmica era essencialmente diferente. Voltaire tinha encontrado, com o sismo de Lisboa, uma munição fortíssima contra os seus alvos; preparou o tiro, assestou-o bem com o conselho de alguns dos seus melhores amigos, e desferiu o seu melhor ataque. Quando Rousseau lhe escreveu com admoestações e precisões sobre o sentido correto das meditações leibnizianas, já Voltaire tinha guardado o arco e as flechas. As correções eram desnecessárias, até porque os alvos tinham sido atingidos em cheio.

Escrevo "os alvos", no plural, porque me parece curto dizer-se que apenas Leibniz tenha sido o único — ou, pelo menos, o grande — objetivo de Voltaire. É verdade que o próprio Voltaire se encarregou de sublinhar e publicitar essa motivação. Contudo, não seria a primeira vez que Voltaire escolheria um primeiro alvo para encobrir um segundo. Foi com essa técnica, aliás, que construiu o primeiro grande sucesso da sua carreira.

No *Poema sobre o Desastre de Lisboa* note-se que, embora Voltaire faça do seu alvo explícito os filósofos do *tout est bien*, Pope e Leibniz, é aos teóricos do Terremoto como castigo divino que assesta os seus mais duros golpes. Quando pergunta que pecados cometeram os bebés recém-nascidos de Lisboa ou porque não castiga Deus Paris e Londres, Voltaire não se está a dirigir a Leibniz nem a Pope — mas também não nos diz a quem se está a dirigir.

Rousseau notou que o *Poema sobre o Desastre de Lisboa* poderia também ser um "poema contra a providência divina". Como Voltaire não o apresentou dessa forma, Rousseau decidiu tomar o poema pelo seu valor facial. Mais tarde, nas suas *Confissões*, Rousseau faz questão de deixar claro que entendeu os diversos níveis de leitura do poema de Voltaire, ao mesmo tempo que demonstra ainda algum ressentimento, mesmo passados tantos anos, por Voltaire não lhe ter dado a honra de uma resposta à altura do seu esforço filosófico — embora Rousseau esteja convencido de que houve de fato uma resposta de Voltaire, mas encapotada, sob a forma de um conto filosófico, aliás um dos melhores de Voltaire. Mas isso Rousseau não pode saber, porque faz questão de dizer que não pegou no livro — "não li e não gostei", como se costuma dizer.

> Voltaire respondeu-me em poucas linhas que, estando doente, e ele mesmo fazendo de enfermeiro, remetia para outro tempo uma resposta, e não disse uma palavra sobre a questão. Desde então, Voltaire publicou essa resposta que me havia prometido, mas que não me enviou. Ela não é outra senão o romance de Cândido, do qual não posso falar, porque não o li.

Quisesse ou não responder a estas críticas, o certo é que Voltaire sentiu necessidade de regressar ao tema do Desastre de Lisboa. Mas não se dignou, mais uma vez, a considerar os seus adversários à altura de um tratado de filosofia.

Bem pelo contrário, o seu segundo ataque seria ainda mais humilhante do que o primeiro. Voltaire acabaria pela comédia o que começara pela tragédia.

CÂNDIDO, OU O OTIMISMO — escrito em 1758 e publicado em 1759 — é uma das grandes novelas da história da literatura, não só pelo seu admirável poder de fogo satírico mas também pela liberdade da forma, que faz dela uma obra pioneira.

As duas personagens principais da novela são o jovem Cândido, um mero recipiente dos acontecimentos sem conteúdo nem ideologia, e Pangloss, o seu professor, uma caricatura de Leibniz e, como está fácil de ver, o saco de pancada de Voltaire durante todo o pequeno livro. Há também a menina Cunegundes, a paixão de Cândido, que é violada e esquartejada logo no primeiro capítulo do livro — embora reapareça mais tarde, depois de devidamente morta. Também Cândido e Pangloss passam a vida a ser roubados, espancados, humilhados e assassinados repetidamente, após o que o Professor Pangloss repete sempre o seu célebre estribilho leibniziano: "Tudo está bem no melhor dos mundos possíveis".

Isto é a estrutura visível, o rosto do *Cândido* de Voltaire, mais uma vez um ataque estrepitoso ao leibnizianismo. Mas por detrás desse ataque escondem-se outros ataques que, embora menos estrepitosos, não deixam de ser até mais violentos.

O Grande Terremoto de Lisboa, agora já transformado em memória e até a caminho de uma certa folclorização, faz a sua aparição logo no primeiro terço do livro. Cândido e Pangloss naufragam à beira do Tejo num navio onde se encontravam sequestrados e eram rotineiramente maltratados. De todos os passageiros, só se salvam eles e um marinheiro brutal e primário, um quase animal. Nadam até Lisboa, onde se dá de imediato um sismo. Enquanto Cândido e Pangloss ainda estão amedrontados, já o marinheiro anda pelas ruínas da cidade a roubar os pertences das vítimas do sismo e a procurar uma mulher para violar. Pangloss tenta convencê-lo a não o fazer, e o marinheiro responde-lhe à bruta, dizendo que foi quatro vezes ao Extremo Oriente e de cada vez renegou a cruz, pelo que aquelas conversas de "divina providência" não pegam.

E como quem nos diz claramente que não há justiça neste mundo, o marinheiro salva-se airosamente, enquanto Pangloss e Cândido são presos pela Inquisição portuguesa, um por ter falado demasiado à vontade das suas ideias filosóficas e o outro por "ter escutado aprovadoramente o primeiro". Passado pouco tempo são levados em auto de fé porque, como garantira a Universidade de Coimbra, nada como um belo auto de fé com meia dúzia de hereges queimados para prevenir os terremotos.

Os companheiros de infortúnio de Cândido e Pangloss são um basco que tinha casado com a sua madrinha e dois judeus que, ao comer um frango, tinham colocado o toucinho na borda do prato. A cena do auto de fé é uma sátira merecida à estupidez inquisitorial — mesmo que a Inquisição fosse menos estúpida do que isto — e, no fim de devidamente estrangulado o Professor Pangloss e queimados os judeus, lá vêm, certeiro e assustador, ao contrário do que fora prometido pela Universidade de Coimbra, um novo terremoto. Depois de mais uns tantos mortos e feridos, e depois de ressuscitado o professor Pangloss quando já lhe faziam a autópsia, o velho leibniziano permanece inabalável na sua filosofia: "Tudo está bem no melhor dos mundos possíveis".

A novela permanece neste tom absurdo; a cada nova e maior calamidade, o professor Pangloss repete impassível o seu credo. E por mais que o mundo faça questão de ser o pior possível, Pangloss não se sente desmentido. Os nossos protagonistas, agora reunidos à menina Cunegundes, continuam a ser roubados, espancados, mutilados, violados, empalados e assassinados, até que são feitos escravos nos belos jardins de um sultão otomano. Ao ver aquele modelo de organização e civilização em pleno império muçulmano, o Professor Pangloss insiste, apesar de todas as desgraças, que "tudo está bem".

Não faltou quem acusasse Voltaire de não ter apresentado qualquer filosofia própria, propondo que nos limitássemos a sofrer (no *Poema*) ou a "cuidar do nosso jardim" (no *Cândido*). E é verdade: nestas obras, Voltaire limita-se a demonstrar a falência de outras doutrinas. Não foi a providência que provocou os terremotos — mas então quem o fez? — e não será ela a consolar-nos. O outro grande filósofo do iluminismo, o escocês David Hume, foi circunspecto e direto na sua análise de *Cândido*, numa carta que escreveu a Adam Smith:

> Voltaire publicou recentemente um pequeno livro intitulado *Cândido, ou o Otimismo*. Está recheado de insolência e impiedade, e trata-se na verdade de uma Sátira contra a Providência, sob pretexto de criticar o Sistema Leibniziano.

Rousseau notaria anos depois, nas *Confissões*, que Voltaire no fundo nunca acreditou em Deus, mas só no diabo:

> Voltaire, parecendo sempre acreditar em Deus, realmente nunca acreditou senão no Diabo; já que o seu pretenso Deus não passa de um ser malfeitor que, segundo ele, não tem outro prazer senão o de prejudicar.

Talvez Rousseau tenha tido razão e a Voltaire tenha faltado coragem para dizer explicitamente que Deus, ou era mau, ou não existia. Faltaria aliás mais de um século para que alguém ganhasse essa coragem; só um louco como Nietzsche conseguiria finalmente declarar que "Deus está morto". Voltaire não quis, não pôde ou não desejou fazer esse diagnóstico; mas enumerou claramente todos os sintomas.

No meio disto tudo coloca-se uma velha questão, que é a de tentar avaliar a imagem de Portugal através destes textos.

Essa é uma floresta de enganos. Os dois textos de Voltaire, o *Poema sobre o Desastre de Lisboa* e especialmente o *Cândido*, deixaram os portugueses um tanto deprimidos por se verem ridicularizados enquanto ignorantes e supersticiosos. É preciso ver no entanto que o Portugal de Voltaire não é exatamente um Portugal real. Tal como em *Maomé ou o fanatismo*, Voltaire aponta para o exterior de modo a acertar dentro de casa — muitas vezes na própria França. É certo que, tal como nesse caso, o retrato dos portugueses assenta em estereótipos que eram correntes. Mas não é menos certo que Voltaire usa esses estereótipos como uma espécie de *boomerang* retórico; os seus leitores franceses riem-se primeiro dos pobres ridículos, supersticiosos e fanáticos portugueses e acabam a pensar se não se estarão a rir de si mesmos. É a artimanha melhor e mais antiga da história da escrita cómica, de Apuleio a Gógol.

A destruição de Lisboa, *gravura de autoria desconhecida*

.10.
Católicos e outros hereges — Como sobreviver
a um auto de fé da Inquisição portuguesa
— Lisboa estava a pedi-las — Avisos
de Deus amplificados por
John Wesley

GABRIELE MALAGRIDA não foi queimado sozinho. É verdade que atrás escrevi que o jesuíta italiano foi a última vítima mortal da Inquisição portuguesa. Mas o leitor que tenha observado com atenção a gravura do seu auto de fé, na abertura do capítulo oito, terá visto que nela aparecem duas fogueiras, e não uma.

O condenado para quem foi ateada a segunda fogueira tinha por nome Francisco Xavier de Oliveira. Era mais conhecido pelo título da Ordem de Cristo que lhe tinha sido concedido, e era como cavaleiro de Oliveira que assinava os seus livros. Encontrava-se naquele momento na sua modesta casa dos arredores de Londres, onde já vivia há mais de quinze anos e onde se tinha convertido ao protestantismo. Na impossibilidade de deitar a mão ao herege em pessoa, a Inquisição condenou-o a ser queimado em efígie no mesmo auto de fé em que Malagrida seria estrangulado, e depois queimado.

Como aparte deve dizer-se que a execução em efígie era um recurso habitual e com uma história importante. Uma das execuções mais conhecidas em Portugal foi a do marquês de Montemor, que foi executado em efígie numa tarde do ano de 1483 em Abrantes, em pleno reinado de dom João II. A encenação foi cuidada e o mais realista possível: quando o carrasco decapitou a estátua do marquês, sangue falso esguichou sobre a multidão que assistia à cena. O cadafalso foi depois incendiado e ardeu durante toda a noite. Conta Garcia de Resende que quando o marquês, exilado em Castela, soube da sua execução em efígie, entrou numa depressão profunda e morreu pouco depois. Parece ter havido uma crença sincera, à época, de que a execução em efígie provocara, de uma forma ou de outra, a morte do marquês. Num regime em que se pressupunha a continuidade entre os símbolos e as coisas, este tipo de execução era uma pena assustadora, talvez mais penosa ainda do que a execução *in re corporea*: sabe-se que a morte vem, que se está condenado, que já se morreu de certa forma, entra-se num estado geral melancólico, e morre-se de vergonha e tristeza.

Isto foi em 1483. Em 1761, o cavaleiro de Oliveira não parece ter ficado extraordinariamente perturbado pelo fato de, a uns milhares de quilómetros de distância, ter sido ateado fogo a uma estátua sua. Segundo reza a lenda não confirmada, a resposta que deu quando soube do acontecimento foi até um pouco incrédula — "Ah sim? Pois garanto que nunca senti tanto frio na minha vida".

Os séculos de distância não são suficientes para explicar a disparidade entre a morte do marquês de Montemor, supostamente vergado pelas notícias da sua execução em efígie, e o riso de gozo do cavaleiro de Oliveira ao saber da sua. É interessante determo-nos neste tema por instantes porque é o próprio regime de relação com as imagens que está em causa.

Francisco Xavier de Oliveira, um filho da nobreza portuguesa que substituíra o pai enquanto secretário da embaixada portuguesa em Viena (dirigida pelo marquês de Alegrete), era um membro interessante da República das Letras. Depois de viver na Áustria passara para a Holanda, mantendo-se sempre em contato com os círculos de portugueses — cristãos e judeus — no estrangeiro e publicando as suas coleções de cartas galantes e curiosas, por vezes escritas diretamente em francês. Ao que parece, nessa época já estava convencido da superioridade da teologia mais abstrata e intelectualizada do protestantismo sobre o que considerava ser a superstição católica. Recorde-se que a Holanda era então um eixo fundamental na comunicação entre uma corrente intelectual católica de tendência agostiniana — os jansenistas — que à primeira vista tinham alguns pontos em comum com o protestantismo, quanto mais não fosse pelas discordâncias que mantinham em relação a Roma. Na Holanda, o cavaleiro sabia das polémicas jansenistas, conhecia judeus e acabou por se convencer da superioridade do protestantismo. Chegado a Inglaterra por volta de 1745, o cavaleiro de Oliveira converteu-se ao anglicanismo em segredo.

As notícias do Grande Terremoto chegaram a Londres durante o mês de novembro. Os primeiros sobreviventes e as suas histórias pisaram o solo britânico já em Dezembro de 1755. O cavaleiro de Oliveira sentiu, como tantos outros intelectuais pela Europa fora, que esta era matéria para uma reflexão profunda. Embora estivesse longe do seu país, continuava a sentir-se português, o que significava sobretudo sentir-se súdito do rei de Portugal — foi com alívio que soube que dom José 1 tinha escapado de boa saúde à catástrofe.

O cavaleiro de Oliveira sentia, contudo, que a ocasião lhe pedia que assumisse o seu protestantismo e que declarasse ao seu bem-amado rei algumas das maturadas razões que tinha acumulado sobre Portugal durante os seus anos de exílio.

À cabeça de todas elas estava precisamente o tipo de relação que os portugueses estabeleciam com as imagens.

O culto que em Portugal se presta às imagens dos santos, em nada difere daquele que os pagãos ofereciam aos seus ídolos. Esses nunca foram mais idólatras do que os portugueses o são hoje ainda. A única diferença que se observa entre uns e outros, é que a idolatria portuguesa é bastante mais criminosa que a dos pagãos. Estes viveram por muito tempo no erro, carecendo do conhecimento do verdadeiro Deus, e destituídos da predicação do Evangelho... Os portugueses, alimentados no conhecimento de um único Deus

> imortal e eterno, e na posse da Palavra do mesmo Deus
> desde há vários séculos, não obstante esqueceram-se do
> seu Criador, desprezaram e resignaram mesmo ao seu Re-
> dentor. Revoltados, numa palavra, contra o Eterno, todo
> o culto que lhe devem não o prestam senão a vãs imagens...

Vãs imagens! Não admira, portanto, que o cavaleiro tivesse ficado perfeitamente indiferente à sua execução em
efígie — ela não era mais do que a prova da superstição
dos portugueses.

O *Discurso Patético sobre as Calamidades Presentes Sucedidas
em Portugal*, escrito em francês para um público internacional, e que o cavaleiro de Oliveira fez publicar logo no ano de
1756, é um exemplo atraente do tipo de resposta que os protestantes deram ao Grande Terremoto. Apesar de se dirigir
em primeiro lugar ao rei de Portugal, foi entre os leitores da
Europa do Norte que teve mais sucesso. O texto está escrito
com aquela transparência um tanto cândida que por vezes
é apanágio dos recém-convertidos e, a espaços, chega a dar
impressão de ter sido pensado pelo cavaleiro de Oliveira
como a sua melhor aposta para conseguir reconhecimento
junto dos seus novos correligionários. É difícil imaginar que
o autor pretendesse realmente converter dom José I a uma
religião abstrata e despojada, mais do que demonstrar que,
tal como os restantes protestantes, também ele sentia um
desgosto profundo pela superstição e idolatria dos católicos e um ódio profundo à Inquisição, que aparece de forma
recorrente — e algo errónea — retratada como inimiga dos
protestantes. No fundo, alguns dos lugares-comuns correntes da literatura protestante sobre os países ibéricos.

DE QUE OS LISBOETAS eram pecadores parecia haver poucas
dúvidas. Para as consciências devotas de qualquer igreja ou
seita, os seus pecados eram, por assim dizer, uma evidência

ecuménica e interconfessional. Todavia, cada credo apresentava uma lista diferente: para o jesuíta Malagrida, eles eram os bilhetinhos amorosos nas igrejas; para os protestantes, era a idolatria às imagens de santos. Para um dos lados, os lisboetas eram maus católicos; para o outro lado, os lisboetas eram católicos demais. E mesmo do lado de fora desta disputa havia repreensões a lançar; na sinagoga portuguesa de Amsterdam perguntava-se o rabino:

> em que outra época houve menos lealdade entre os homens? Quando houve menos amor fraterno? Em que outra época foi a gratidão menos praticada? Quando foram as murmurações mais frequentes senão agora? Quando foi a malícia mais poderosa? A inveja mais subtil? A vingança mais ativa? Ou o ódio mais enraizado em nós?

Em Londres o rei dos ingleses marcou um Dia de Penitência, que teve uma participação quase geral dos pregadores. Os próprios pregadores da família real, da Câmara dos Pares e da Câmara dos Comuns do parlamento se associaram a esta ocasião. Nas declinações oficiais da ocasião, os sermões ativeram-se a uma retórica mais consensual, ou menos ofensiva para com os portugueses, lembrando a todos os cristãos as suas obrigações gerais de compaixão. Por toda a Londres, contudo, os pregadores deram rédea solta às suas explicações das razões do Terremoto, nomeadamente aquelas que residiam precisamente nos maus hábitos dos católicos. O historiador Thomas Kendrick coligiu os pecados relacionados com o Grande Terremoto citados nesse dia 6 de fevereiro de 1756: embriaguez, perjúrio, profanações, jogos de azar, idas ao teatro, bailes, gula, adultério e sodomia eram alguns deles.

Para alguns não era sequer necessário enumerar os pecados dos portugueses: a provar a sua culpa estava o fato de Deus os ter atingido com um terremoto. A evidência do pecado estava no castigo. Mas as coisas não eram tão simples.

Por terríveis que fossem os pecados dos lisboetas, os pregadores, um pouco por toda a cristandade, não se coibiam de apontar o dedo aos seus próprios rebanhos e de lhes mostrar que se hoje foi Lisboa, amanhã pode vir a ser outra das suas cidades. Chegou-se ao ponto de lembrar aos londrinos que o cometa de Halley vinha aí — a sua próxima passagem pela Terra seria em 1758 — e que poderia estar marcado para então o encontro que os lisboetas haviam tido com Deus através do Terremoto. Noutro sermão a mensagem era clara:

Perecereis também. Vede como ardo! Lembrai-vos e ARRE-PENDEI-VOS. É este o breve mas inteiro sermão que Lisboa em ruínas prega a Londres em pecado.

O clima de severidade e punição moral deve ter sido bastante asfixiante por esses dias. Os poucos súditos de dom Jorge II que não participaram no Dia de Penitência eram olhados pelos restantes com a maior das recriminações, quase como se fossem eles os culpados do Grande Terremoto ou de um outro, que estaria por acontecer. A Sociedade Religiosa dos Amigos, mais conhecida pelo nome de *quakers* que se dá aos seus membros — uma seita pacifista e anti-hierárquica, que não reconhece sacerdotes nem eucaristia e cujos encontros se iniciam em silêncio, à espera de que o Espírito Santo se manifeste em qualquer dos presentes e este tome a palavra — cometeu o erro de deixar três das suas casas abertas durante o Dia de Penitência. As casas foram imediatamente atacadas por uma multidão enraivecida, como se as práticas menos comuns dos seus frequentadores tivessem uma qualquer relação com o Grande Terremoto.

O FUNDADOR DO METODISMO, John Wesley — de quem é o aviso sobre o cometa Halley — publicou as suas reflexões sobre o Grande Terremoto num livro a que deu o título de

Alguns Pensamentos Sérios Ocasionados pelo Recente Terremoto de Lisboa. Numa das suas passagens mais vigorosas consegue criar no leitor a sensação de impotência perante o sismo, para lhe tirar o tapete no final:

Chegou! Treme o Telhado! Estalam as Traves! Balança o Chão para trás e para diante! Um trovão cavo ressoa das vísceras da terra! E tudo isto não é mais do que Início das Misérias. Que Ajuda chegará? Que Sabedoria poderá impedi-lo? Que Força resistirá ao Golpe? Que Dinheiro poderá comprar, não digo já a Salvação, mas sequer uma Hora de Alívio? Pobre Tolo honrado, onde estão agora os teus títulos de propriedade? Tolo Abastado, onde está agora o teu Deus dourado? Se algo te pode ajudar, terá de ser a Oração. Mas a que orarás tu afinal? Decerto que não ao Deus do Céu: pois achas que ele nada tem que ver com Terremotos.

Wesley joga aqui toda a sua munição retórica. Como é evidente, a idolatria dos católicos desempenhou um papel importante na leitura protestante do sismo, mas nenhum pregador insistiu tanto nesse ponto que desresponsabilizasse completamente o seu auditório. Lisboa e Londres estavam ligadas de muitas formas; uma delas, a principal, era o comércio. Nos anos que se seguiram ao Terremoto, Lisboa era repetidamente apresentada como uma cidade riquíssima, talvez a mais rica do mundo. Esta descrição exagerada trazia já contida em si uma leitura: que, como costuma dizer-se, a queda foi alta porque alto tinha sido o erro. O gosto pelo dinheiro, pelo ouro — em que Wesley tanto insiste — era um sinal constante dessa ligação entre Lisboa e Londres: na capital inglesa, as moedas de ouro portuguesas com a efígie de dom José I eram tão comuns que foram reconhecidas e tinham curso legal. Vimos, no terceiro capítulo, chegar o ouro do Brasil ao Tejo — e vimos também chegar os navios, principalmente ingleses, carregados de produtos alimentares e manufaturas, prontos a ser trocados por esse mesmo ouro. Aí estava um ponto em comum, mas não era o único.

A RIQUEZA GERA VAIDADE, e a vaidade gera soberba. Nas cidades grandes, a própria segurança com que se acredita estar livre de sismos é já um chamamento do perigo. Nem pode o fiel cristão convencer-se de que vive uma vida sem pecado, pois supor que se está livre será tentar adivinhar as intenções de Deus — uma vez mais, o pecado da soberba. Deus castigou Jó, o mais paciente, honesto e devoto dos homens. E se dúvidas restassem, bastava considerar as próprias palavras de Jesus Cristo em Lucas 13,2-5:

> Pensais vós que estes galileus foram maiores pecadores do que todos os outros galileus, por terem sido tratados desse modo?
> Não, digo-vos. Mas se não vos arrependerdes, perecereis todos do mesmo modo.
> Ou cuidais que aqueles dezoito homens, sobre os quais caiu a torre de Siloé e os matou, foram mais culpados do que todos os demais habitantes de Jerusalém?
> Não, digo-vos. Mas se não vos arrependerdes, perecereis todos do mesmo modo.

Estará livre alguma cidade? Não; o Homem deve reconhecer a sua natureza pecadora, e entregar-se a Deus.

.II.
Imagens e narrações — A sedimentação do
Grande Terremoto — Folclorização
e sensibilidades românticas

A GRAVURA DA PÁGINA seguinte é de origem francesa e é
uma das dezenas de representações conhecidas do Grande
Terremoto. Nela vemos os edifícios de Lisboa balançando
para trás e para diante e acabando por ruir, as tumultuadas
ondas do Tejo e as chamas que consomem o que sobra da
cidade. Vemos também os lisboetas assustados em fuga, alguns deles levantando as mãos para o céu como quem pede
misericórdia. No primeiro plano alguns refugiados sobrevi-
vem como podem entre os campos de tendas.

O que tem de especial esta imagem? Quando comparada
com outras que foram publicadas após novembro de 1755,
relativamente pouco. Mesmo se comparada com outras gravuras coevas sobre os temas mais diversos ela é uma representação trivial. O seu caráter especial não se identifica por
comparação com outras gravuras, mas antes quando cotejado
com aquilo que nós, hoje, esperamos da representação de
um acontecimento. Perdemos, no processo de substituição
da ilustração desenhada pela fotografia e, depois, desta última pela imagem em movimento, a capacidade de identificar automaticamente certas características especiais que
só a gravura desenhada possui.

Concretizemos: nesta ilustração o aspecto mais notório
é o de nela *tudo parecer ocorrer ao mesmo tempo*. Vejamos: sabemos bem que o sismo se deu às nove e meia da manhã do
dia 1º de novembro de 1755. O *tsunami* terá ocorrido entre
uma e duas horas depois e os incêndios, que terão começado
logo durante o abalo, só se tornaram notórios a partir do

Triste quadro dos efeitos causados pelo tremor de terra e incêndios ocorridos em Lisboa em 1º de novembro de 1755, *de autoria desconhecida*

meio-dia, aumentando cada vez mais à medida que a tarde avançava, enquanto os lisboetas fugiam para os campos. Como sabemos, estes fogos duraram vários dias e passaram provavelmente semanas inteiras antes de os campos de refugiados se organizarem de forma mais ou menos definitiva. No entanto, a gravura mostra-nos em simultâneo o abalo sísmico, o *tsunami*, os incêndios, a fuga dos lisboetas e a sua estadia precária em campos de refugiados, que haveria de prolongar-se durante meses ou anos.

Esta espécie de condensação do tempo é, naturalmente, impossível em fotografia. Por alguma razão, a teoria e prática do fotojornalismo, pelo menos desde Henri Cartier-Bresson, insistiu na circunstância de o caráter emblemático da fotografia se concretizar através da fixação de um instante, ou momento, decisivo.

Um exemplo atual permitirá tornar esta distinção mais clara. Em setembro de 2001, pouco depois do ataque às Torres Gémeas de Manhattan, encontrava-me no Brasil. Num dos jornais de São Paulo um artigo chamava a atenção para a forma quase imediata como os folhetos de cordel nordestinos tinham tomado o 11 de Setembro como tema. No texto fazia-se um breve enquadramento deste gênero de literatura e dos nexos que a ligam, ainda nos dias de hoje, aos folhetos equivalentes dos séculos XVIII e XIX. Juntava-se também a reprodução da xilogravura que (tal como nestes séculos) continua a ilustrar a portada dos folhetos.

A xilogravura de setembro de 2001 representava o que naturalmente era a essência do ataque: dois aviões colidindo com duas torres. Havia, porém, uma estranheza naquela imagem que demorei algum tempo a identificar. Por aquela altura já teria, naturalmente, visto dezenas de vezes as imagens do ataque; mas em nenhuma foto ou imagem em movimento poderia ter visto dois aviões a chocar com duas torres porque, evidentemente, tinham passado vários minutos entre os dois impactos. Só uma ilustração — e nunca uma fotografia — poderia dar-me a visão global do que tinha sucedido. Tal como no caso da gravura com que iniciámos este capítulo, a xilogravura do folheto de cordel nordestino tinha condensado o tempo numa só figuração. Mentalmente, porém, era aquela imagem que fazia sentido: para todos o ataque consistiu em "dois aviões que atingiram duas torres" e "não um avião que atingiu uma e depois outro que atingiu outra". A ilação paradoxal é que um desenho pode ser mais "verdadeiro" do que uma fotografia. Menos real, mais verdadeiro.

A conclusão a que pretendo chegar é que, sendo o regime de produção — e, eventualmente, de percepção — de imagens diferente num mundo dominado pelo desenho, é inevitável que este tipo de representação iconográfica tenha ele mesmo determinado o tipo de representação mental do Grande Terremoto no século XVIII.

Antes de seguir em frente, contudo, gostaria de retificar o meu argumento. Até agora, tenho feito referência à forma como as ilustrações têm capacidade de "condensar o tempo" numa só imagem. Mas se pensarmos bem, não existe "condensação de tempo", ou melhor, esta é uma forma pobre de aquilatar do que é realmente interessante nestas gravuras: o fato de elas serem, acima de tudo, narrativas. O fato de tempos diversos partilharem um mesmo retângulo de uma ilustração não significa, de forma nenhuma, que para a mente do desenhador do século XVIII — ou, já agora, do folheto de cordel nordestino — eles tenham sido condensados num mesmo momento. O que significa, de uma forma bem mais rica, é que estas ilustrações são capazes de representar a diacronia, ou seja, o passar do tempo.

A fotografia está naturalmente limitada à sincronia — faz dessa a sua maior força, mas não deixa de ser mais pobre. As imagens em movimento registadas mecanicamente — a televisão, o cinema, o vídeo — ultrapassam essa deficiência, mas fazem-no apenas porque elas próprias duram no tempo,

Autor: José João dos Santos
Mestre AZULÃO
Literatura de Cordel

o que é um feito banal. Mas nenhum dos tipos de imagens que dominam a nossa cultura visual consegue este prodígio de que a cultura visual antiga era capaz: de num único relance de uma figuração podermos abarcar as várias camadas de tempo sobrepostas. E somos nós mais pobres por isso.

Tal como os observadores do início do Renascimento que não eram capazes de "ver" a perspectiva representada nos quadros, é a nossa mente, tornada preguiçosa pela sua dieta quase exclusiva de imagens captadas mecanicamente, que não consegue ver a profundidade temporal patente nestas gravuras — coisa que, presumivelmente, seria natural para os contemporâneos. Com um pouco de treino na observação da ilustração que abre este capítulo começamos também a ver emergir o túnel do tempo que atravessa a figuração e que, curiosamente, também parece seguir uma regra semelhante à da perspectiva. Repare-se, por exemplo, como os acontecimentos se organizam, tanto quanto possível, segundo a sua ordem cronológica: dos mais antigos — o terremoto, o *tsunami* e o incêndio — no pano de fundo até aos mais recentes — a fuga dos lisboetas, os campos de refugiados — em primeiro plano.

Entre os vários elementos que contribuíram para que o Grande Terremoto tivesse uma presença tão forte na cultura da sua época, estas imagens terão tido, sem dúvida, um papel crucial. Impressas às centenas e aos milhares, sendo os originais cerca de uma centena de espécimes, circularam em quantidades que em contas muito modestas não podem nunca ter andado abaixo dos dez mil exemplares no seu conjunto — e muito provavelmente duas ou até três vezes esta estimativa.

Quando pensamos na impressão duradoura que o Grande Terremoto causou aos seus contemporâneos, todos os *media* do tempo contam. As cartas trocadas entre correspondentes comerciais ou membros mais ou menos ilustres da República das Letras, as gazetas que as republicavam e difundiam, os folhetos com descrições de testemunhas, que circulavam baratos e em larga escala, as discussões filosóficas mais densas que se travavam sob uma variedade de formatos — dos poemas às sátiras e aos tratados —, as pregações atemorizadamente escutadas por assembleias de católicos, protestantes ou judeus reunidos perante os respectivos sacerdotes — e depois republicadas em folhinhas soltas — todas estas instâncias ajudaram a criar o clima que temos vindo a descrever ao longo deste livro. Todos estes meios, contudo, partilham uma certa linearidade: sermões, cartas e artigos de gazeta avançam do princípio para o fim, tal como poemas e contos filosóficos. Poucas terão tido a possibilidade, contudo, de se amalgamar como emblema. A visão do Grande Terremoto, com a sua tripla catástrofe — por terra, mar e fogo — e o interminável feixe de problemas que gerou, seria especialmente determinada por um meio simultaneamente aglutinante e de massas: a gravura.

EM FRANKFURT SOBRE O Meno, um menino de seis anos chamado Johann Wolfgang von Goethe ficaria profundamente impressionado pelo impacto que o Grande Terremoto exerceu sobre os adultos à sua volta. E ele próprio parece ter perdido naquele momento a noção de um Deus amistoso e protetor:

> Talvez nunca antes tivesse o Demónio do Medo tão súbita e poderosamente espalhado o horror por todo o mundo. O rapazinho, que ouvia toda a gente falar sobre o acontecimento, estava profundamente impressionado. Deus, o criador e preservador do céu e da terra, Deus, de que se diz ser omnisciente e misericordioso, tinha-se mostrado um mau pai, pois tinha atacado de igual forma os justos e os injustos. Tentava em vão a jovem mente combater esta ideia; mas estava claro que mesmo os teólogos mais

eruditos não conseguiam pôr-se de acordo sobre a forma de explicar tal desastre.

Esta memória do Grande Terremoto, que Goethe preservou com um rigor assinalável mais de cinquenta anos depois do acontecimento, quando já era o escritor mais célebre do seu tempo, indica mais do que a natural inveja intelectual por ter perdido a grande polémica de uma geração que admirava — a de Voltaire, Rousseau e Kant — e dá-nos uma ideia do prolongamento temporal dos próprios efeitos do Terremoto sobre a cultura para além das fraturas essenciais que provocou no iluminismo, até aos territórios férteis do pré-romantismo.

Esta evolução passa por um processo de amalgamação semelhante àquele que descrevemos para as gravuras. O Grande Terremoto é um fenômeno múltiplo, e estes são os que normalmente menos resistem à força de uma certa caricaturização. Enquanto Goethe crescia, Lisboa e o seu desastre já tinham entrado, através de simplificações e adulterações, para aquilo a que chamamos a cultura popular, por vezes para grande irritação do pombalismo, que ansiava por que os estrangeiros reconhecessem o progresso geral da nação.

Este processo começa cedo, recordemo-lo, com o *Cândido* de Voltaire, em que o Desastre de Lisboa que tinha arrancado tantas lágrimas ao grande filósofo se torna num mero dispositivo cómico ao serviço das peripécias do seu conto filosófico. A passagem de Cândido e do professor Pangloss por Lisboa possui também, na sua sucessão de absurdos, a força aglutinadora de um *gag* humorístico.

Em *Jacques, o fatalista*, de Diderot — escrito em 1773 — o Grande Terremoto aparece também como dispositivo satírico, mas de uma forma mais reduzida, básica e repetitiva do que em Voltaire. O protagonista do romance tem um irmão, chamado Jean e frade carmelita descalço, que faleceu no sismo de Lisboa e que é ciclicamente lamentado durante as peripécias da história. E como Jacques é fatalista considera naturalmente que o irmão se encaminhou para Lisboa porque tinha forçosamente de morrer no Terremoto:

> O AMO (com o seu saco de tabaco aberto e o relógio recolocado no bolso) — E que foram eles fazer a Lisboa?
> JACQUES — Andar à procura de um terremoto, que não podia arrancar sem eles, e ser esmagados, engolidos e incinerados, tal como já estava escrito lá em cima.

O Grande Terremoto já ia deixando de ser a grande questão filosófica para começar a ganhar contornos de uma mania curiosa das décadas passadas. Perdeu aqui o seu papel de *gag* de efeitos devastadores, e transformou-se em mero bordão humorístico, reiterado até ter praticamente perdido qualquer relação com o acontecimento que lhe deu origem. No entanto, Diderot tem perfeita consciência da filiação da sua personagem no *Cândido* de Voltaire e no fim do seu antirromance trata de denunciá-la quando se gaba de que, com o seu poder de romancista contrariado, poderia ressuscitar o irmão de Jacques a qualquer momento:

> Um romancista não deixaria de o fazer; mas eu não gosto de romances... Logo, não farei voltar o irmão Jean de Lisboa.

... ou seja, exatamente como Voltaire fizera aos seus personagens depois de serem queimados pela Inquisição portuguesa.

Com o passar do tempo e a sede de novidade do público, as referências ao Grande Terremoto vão escasseando. No teatro francês, contudo, identificam-se duas ocorrências do tema. A primeira é uma tragédia em cinco atos, e em verso, intitulada *Le Tremblement de Terre de Lisbonne*, assinada por um certo Monsieur André, fabricante de perucas e publicada logo — pelo menos segundo a sua própria indicação — um ano após o sismo. As fracas qualidades formais desta peça expuseram-na aos ataques de um dramaturgo português, Manuel de Figueiredo.

Diga-se a propósito que Manuel de Figueiredo é, também ele, uma figura curiosa do pombalismo pleno. Parece ter sido o único autor nacional que tentou levar a sério o programa político de tornar o teatro nos palcos portugueses numa escola de virtudes para os súditos de dom José I. Esta renovação, cujo ponto de partida foi precisamente a representação em maio de 1768 do *Tartufo* de Molière, em que a personagem que dá nome à peça aparecia vestida de jesuíta, foi impulsionada pela Real Mesa Censória, fundada naquele mesmo mês. Em termos muito sucintos, os próprios censores a descrevem nos seus relatórios como a troca do "gosto espanhol" — considerado inverosímil e pouco natural — pelo "gosto francês", supostamente mais apurado do ponto de vista formal e com uma moral social mais realista e, logo, mais verosímil e consistente.

Um dos aspectos curiosos desta alteração, levada muito a sério entre os eruditos pombalistas, tem precisamente a ver com a representação de fenômenos físicos em cena. As peças do "gosto espanhol" eram precisamente verberadas por trazerem ao palco golpes físicos do destino que consumavam a justiça sobre os vilões das suas peças. Era corrente, em consequência, ver-se um inferno em cena ou o palco abrir-se para tragar um pecador. Os censores achavam estes recursos dramáticos ridículos, não só por serem usados de forma *ad hoc* pelos dramaturgos, sem conta da unidade de ação dramática, mas principalmente por não respeitarem a regra da verosimilhança. Na vida real, não acontece que alguém que tenha acabado de cometer um crime seja imediatamente atingido por um relâmpago, não é verdade? Então como podemos esperar que os súditos reformem os seus costumes nos pontos em que tiverem de o fazer com ameaças pueris daquele gênero?

Em consequência, os censores régios pombalinos preferiam ver os seus vilões castigados por ação de um ministro do rei — como no caso do *Tartufo* — ou sofrerem o opróbrio social de verem as suas maquinações desvendadas e goradas à luz do dia, pelo público. Este era, defendiam eles, um corretivo credível para as assistências dos teatros portugueses.

Esta dicotomia dramático-ideológica funcionou em geral sem problemas, exceto quando chegou a vez de ser representado o *Don Juan* de Molière. Como comediógrafo oficial de Luís XIV, e também por isso detentor de uma admiração sem limites por parte dos deputados da Real Mesa Censória, Molière nunca apresentava problemas à censura (os censores da Inquisição e outros literatos do início do século XVIII, ainda na noite escura do "gosto espanhol", tinham considerado o teatro deste autor "contrário às máximas do evangelho"). O seu *Don Juan*, porém, inspirara-se precisamente nos temas e estilos do "siglo de oro" espanhol. E para piorar a situação, a peça terminava com um caso bicudo para os censores portugueses, uma vez que Molière, depois de fazer o seu protagonista revelar-se inequivocamente como impenitente sedutor e ateu, decide matá-lo nem mais nem menos do que com um raio vindo do céu, ao mesmo tempo que o palco se abria para engolir o seu corpo. A peça acabou por ser representada em Portugal sem este final "inverosímil", conseguindo os deputados da Real Mesa Censória a proeza de serem mais papistas do que o papa — ou, mais corretamente, de serem mais franceses do que Molière.

QUANDO JÁ SE TINHA cumprido praticamente o primeiro meio século sobre o Grande Terremoto, subiu à cena do Théâtre de la Porte St. Martin, em Paris, uma opereta em prosa, de três atos intercalados por danças e pantomimas. O título deste "drama heroico" era o mesmo que Voltaire tinha dado ao seu poema 48 anos antes, *Le Désastre de Lisbonne*

— confirmando assim a longevidade desta designação na língua francesa — e o seu autor um certo J-N Bouilly. Era o dia três de Frimário do ano XIII da Revolução Francesa, que corresponde a 25 de novembro de 1804. Napoleão Bonaparte impusera a si mesmo a coroa imperial seis meses antes e a própria capital francesa passava por uma fase de teatro politicamente motivado.

O libreto inicia-se com a seguinte menção: *"La scène se passe à Lisbonne et dans les environs le jour du grand tremblement de terre arrivé en 1755".*

A peça de Bouilly, em si mesma, com o seu enredo que se constrói em torno das vicissitudes de um par de amorosos durante o sismo de 1755, não se afasta muito dos clichês do gênero. Teve no entanto um boa recepção do público francês, a que se seguiu uma edição em livro logo no mesmo ano da estreia. E mesmo esse livro parece ter vendido razoavelmente, até para Portugal, onde entretanto a memória do Grande Terremoto ia ganhando uma certa coloração de curiosidade erudita sobre o que diziam do reino "lá fora". Isto explica a sua venda num leilão lisboeta com a indicação de que se tratava de uma "peça muito estimada".

Infelizmente algumas das obras que aproveitaram estes motivos não parecem ter sobrevivido até nós, até porque por vezes não chegaram a ganhar suporte permanente. A existência de baladas e canções sobre o Terremoto de Lisboa pode por vezes ser confirmada até em paragens longínquas como os Estados Unidos da América, onde as histórias do sismo de 1755 ganhavam curso desde os tempos da colonização britânica.

Especialmente querida do público norte-americano era a história de Agnes Surriage, uma pobre colona do Massachusetts, que se encontrava em Lisboa no dia do sismo e que salvou um negociante, Charles Frankland, das ruínas da Baixa lisboeta. Segundo a história, Frankland apaixonou-se imediatamente pela sua salvadora e os dois casaram em Lisboa. (Na realidade, o casal de amantes já se conhecia desde Boston.)

Esta história sobreviveu sob a forma de balada durante mais de um século porque foi coligida pelo médico, professor em Harvard e poeta Oliver Wendell Holmes, que publicou o seu poema *Agnes* em 1861. A própria obra, em cinco partes, aproveita a cadência baladística e, para o leitor atual, não deixa de ter uma certa semelhança com os versos ao gosto popular de Edgar Allan Poe.

Apesar da passagem do tempo, o aproveitamento do Grande Terremoto para obras de índole sentimental não parece ter desaparecido durante o século XIX, antes mudado de paradigma. O Grande Terremoto de Lisboa tinha passado a ser "interessante". Um lugar-comum hoje mas uma categoria nova para o século XIX.

Além de *Agnes*, Oliver Wendell Holmes ainda publicou outro poema com o Grande Terremoto por tema, e em gênero de comemoração pelos cem anos do sismo. *A Obra-Prima do Diácono, ou A Sege de Um Cavalo* [*The Deacon's Masterpiece, or The One-Hoss Shay*] é uma peça bem-humorada, ao estilo de uma adivinha rimada ou de um jogo de lógica.

O poema parte de uma indagação lógica sobre um problema real: como seria uma máquina em pontos fracos? Um diácono protestante das colónias norte-americanas da Nova Inglaterra, que é o protagonista deste divertimento poético, vive obcecado pelo fato de a maior parte das carroças, *charettes* ou seges terem sempre um ponto fraco — normalmente o eixo, que os construtores de carroças tentavam, normalmente em vão, reforçar. Ainda assim, quando conseguiam fazer um eixo resistente, a carroça rebentava pelos raios das rodas, mas não deixava de ter um ponto fraco. Uma máquina tem sempre um ponto fraco: "é por isso que uma carroça rebenta, mas não se desfaz [*it breaks down, but doesn't wear out*]".

O diácono constrói então uma carroça sem pontos fracos e dá-a por acabada exatamente às 9h30 da manhã de

1º de novembro de 1755, no mesmo momento em que o Terremoto vira Lisboa do avesso:

> Dezassete centos e cinquenta e cinco
> Jorge segundo vivia com afinco
> Bom velho ramo da cepa alemoa
> E foi nesse ano que a cidade de Lisboa
> Viu a terra abrir-se e engoli-la de um trago.

Passam os anos. Nascem filhos e netos e a carroça continua ao serviço, "*as fresh as on Lisbon-earthquake-day!*". Entra o século XIX, e encontra a carroça como nova. Passa a década de 1810, vem a de 1820 e tudo continua na mesma.

Até que chega 1855. O diácono já não era vivo, mas a carroça continuava a uso do pastor local, que no dia 1º de novembro, de manhãzinha, passava com ela em frente ao templo protestante ("a Casa de Reuniões", como lhe chamavam):

> De repente parou o cavalo de fronte
> Da casa de reuniões no cimo do monte
> Deu-lhe um arrepio, e um abanão
> E aconteceu algo assim de sopetão
> Pois o pároco estava sentado no chão
> E era meia-hora depois das nove
> A hora exata em que a terra se move!

A carroça deste poema sem pretensões dura exatamente um século desde o momento em que se dá o Grande Terremoto de Lisboa e desaparece de uma vez só porque não tinha pontos fracos por onde pudesse quebrar-se a pouco e pouco. "Foi toda de uma vez! Toda de uma vez, e nada antes — como fazem as bolhas, quando rebentam." Ao contrário das máquinas em geral, ela comporta-se mais como uma ideia ou uma crença. Dura o tempo que tem de durar e depois, de súbito, esfuma-se e não nos serve para nada. É mais ou menos aquilo que Voltaire defendia que tinha ocorrido com o paradigma da bondade do universo, à hora exata em que a terra se movera.

Tal & Qual, *chamada de capa da edição
de 17 a 23 de fevereiro de 1989*

.12.
Três terremotos imaginários — Memória histórica e memória coletiva — Significados de 1755

EM FEVEREIRO DE 1989 o jornal lisboeta *Tal & Qual* fez eco da profecia de uma "vidente" ou "bruxa do Murtal". Segundo esta profecia, Lisboa seria atingida por um "novo terremoto" no dia 19 desse mês.

O *Tal & Qual*, semanário que ainda hoje é publicado, era um tabloide moderadamente sensacionalista e de sucesso relativo, pelo menos a comparar com os parâmetros de vendas e comportamento dos tabloides das décadas seguintes. Mas era um título com uma ancoragem muito sólida na comunicação de massas. Desde logo, tinha nascido anos antes enquanto versão impressa de um programa de televisão do mesmo nome, o de maior sucesso na viragem dos anos 70 para os anos 80. No seu original em televisão, o *Tal & Qual* fora introdutor em Portugal de formatos "de ponta" para o panorama televisivo de então, nomeadamente a experimentação com "apanhados", partidas filmadas com câmara escondida.

Com a ambiguidade algo cínica que tipicamente acompanha este tipo de experimentalismo na cultura de massas, não é claro que os responsáveis ou jornalistas do *Tal & Qual* acreditassem nas previsões da "bruxa". Pelo contrário, parecem tratá-la com alguma condescendência, o que não os impede de proporcionar um destaque crescente às suas profecias sobre o hipotético terremoto, logo transformado em "novo", e depois em "futuro" ou até "próximo terremoto".

Os responsáveis do *Tal & Qual* sentiam que estavam perante uma boa história. E uma vez que havia "história", nada impedia os outros jornais, rádios e televisões de lhe pegar sem medo de baixar os seus critérios. Afinal de contas, as peças (artigos, crónicas, entrevistas de rua) não eram sobre o "terremoto" em si — coisa que não existia — mas sobre a "mania" do terremoto. E os jornalistas não se fizeram rogados em tratá-la sob todos os pontos de vista possíveis. De início, o tema foi fazendo as suas aparições nos segmentos menos sérios dos blocos noticiosos, e foi tratado pelos jornalistas com um tom entre o divertido e o incrédulo. No entanto, mesmo uma entrevista a um transeunte anónimo sobre "se acredita na previsão do terremoto", o qual responde com desprezo que nunca acreditaria em tal coisa, não deixa de ser a reiteração de um fato noticioso — não o de que haverá um terremoto em breve, mas o de que existirá alguém que acredita nele.

Como é evidente, nenhum órgão da imprensa deixou também de perguntar a cientistas o que achavam de tal história, e os cientistas — estudiosos da geofísica, da sismologia e até da vulcanologia — não deixaram de fazer os seus desmentidos cabais da "previsão" de um terremoto através da comunicação com o mundo sobrenatural. Perversamente, a participação dos cientistas pode até ter servido para dar gás à "mania" do terremoto, e de diversas formas. Em primeiro lugar, porque nenhum cientista estaria jamais disposto a garantir com absoluta certeza que não iria haver terremoto no dia x do mês seguinte — e os raciocínios menos formais aprestar-se-iam a considerar os desmentidos como uma ausência de "prova científica" e, logo, uma possibilidade suficiente de o terremoto ocorrer naquele dia x. Em segundo lugar, o fato de se terem entrevistado cientistas — e de estes terem aceitado responder — cumpre com uma espécie de função de equilíbrio dos *media*, e pode ser até entendido como uma forma de desresponsabilização: "já ouvimos os cientistas, agora podemos falar disto à vontade". Em terceiro lugar, soma-se à desresponsabilização do emissor a desresponsabilização do receptor, que tem a porta aberta para pensar "se isto não fosse importante, não tinham perguntado aos cientistas".

Este surto noticioso precedeu e foi acompanhado depois por uma vaga crescente de piadas de café, referências ocasionais, trocadilhos etc. — aquilo a que em Portugal se chama "bocas". Mais uma vez, a maioria destas referências tendia para a descredibilização da história da "bruxa do Murtal", mas não deixava de contribuir para a dilatação daquele fato sociocultural, que entretanto já ganhara dimensões de massas. O "terremoto da bruxa" tornou-se até um daqueles assuntos sempre prontos, como a meteorologia, e aparentemente sem o teor polémico da política, com que preencher os tempos mortos no elevador, enquanto se sobe até ao escritório. E quando chegados ao escritório propriamente dito, colegas já admitiam que, embora nem por um segundo acreditassem na história do "terremoto", a verdade era que lá em casa a avozinha, assustada e oriunda de um meio fechado e supersticioso, não parava de rezar o terço com a aproximação da catástrofe, que decerto também não andaria longe do fim do mundo. Nas escolas primárias, os professores esforçavam-se por responder aos temores dos netos ou bisnetos dessas avozinhas. E nas escolas secundárias, outros professores eram forçados a dedicar o início das aulas e às vezes aulas inteiras de ciências, mas também de sociologia ou filosofia, às provocações de adolescentes impertinentes.

Entretanto, já não eram só os cientistas mas também os responsáveis pela proteção civil a responder a perguntas de jornalistas. Claro, todos sabiam como era completamente ridículo e absolutamente irresponsável a história da "bruxa do terremoto", mas nenhuma ocasião é má para espalhar mais um pouco de pedagogia, não é verdade? Qual é, então, o melhor lugar para estar durante um terremoto? Deve permanecer-se dentro de casa ou correr para o meio da rua?

E se houver fendas no meio da rua? E que precauções se devem tomar em caso de incêndio? Acima de tudo, claro, é essencial não entrar em pânico — conselho repetido vezes sem conta, embora pensando bem talvez fosse uma atitude difícil de garantir durante um terremoto real, pelo menos a comparar com a atitude geral perante um terremoto completamente imaginado. Ah, e claro, não fugir para junto do rio como fizeram os lisboetas de 1755.

No dia 17 de fevereiro, a dois dias da data profetizada, o *Tal & Qual* chamou o assunto à primeira página para anunciar que a "vidente do Murtal" adiara o "fim do mundo" (que seria desencadeado pelo vulcão que segundo ela se encontrava debaixo de Lisboa). Em editorial, o semanário manifestou a sua surpresa pelas "proporções epidémicas" do "fenômeno social". Mesmo assim, quando se aproximou o 19 de fevereiro, que calhou convenientemente a um domingo, a maioria dos lisboetas de 1989 decidiu que era altura de passar o fim-de-semana na casa de campo da família, ou nas aldeias de origem das avozinhas devotas. E, de novo, grande parte daqueles que tomaram esta decisão nem por um momento acreditavam na história do "terremoto da bruxa".

Enquanto o sisudo e governamental *Diário de Notícias* garantia que "Lisboa vive com indiferença véspera do anunciado sismo", os vespertinos *A Capital* e *Diário de Lisboa* traziam reportagens sobre o êxodo dos lisboetas. Pessoas com os carros atulhados de víveres e até colchões garantiam que "já tinham este fim de semana programado há muito tempo". Um funcionário das autoestradas dizia que as saídas da cidade estavam "um verdadeiro pandemónio". O Morro da Cabeça Gorda, declarado "espaço sagrado" pela vidente, encheu-se de gente (declarações: "só vim ver", "viemos fazer a digestão do almoço", "é só um passeio"). Um cartoonista resumiu a coisa assim: se ninguém acreditava na profecia, os lisboetas só podiam ter sido tomados pelo gosto do engarrafamento pelo engarrafamento.

Depois de um maravilhoso domingo no campo para todos e um maravilhoso domingo com a cidade vazia para os restantes, os jornais declararam estupendamente divertidos e aliviados que não tinha acontecido nada e que a "mania do terremoto" era mais um efeito da ingenuidade e da credulidade geral. "Vazio cultural despoleta histeria" era uma das sentenças. Os derradeiros sociólogos e antropólogos foram entrevistados para oficiar os últimos ritos jornalísticos, a "bruxa do Murtal" congratulou-se por as suas preces junto do outro mundo terem evitado uma desgraça terrível, o *Tal & Qual* passou ao assunto seguinte, e todos se esqueceram rapidamente daquilo por que tinham (ou não tinham) passado juntos.

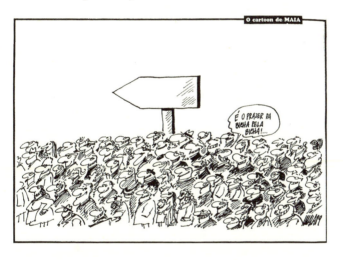

Ao preparar este livro, fui perguntando a algumas pessoas se se lembravam do "terremoto da bruxa". As reações imediatas eram de estupefação — de que raio estaria eu a falar?; mas a pouco e pouco o fio da meada era puxado e passados segundos já ninguém podia parar os meus interlocutores. Que tinham saído com a família para "a terra" ou que a cidade tinha ficado vazia e, unanimemente, que "não se falava de outra coisa".

A RAZÃO POR QUE COMEÇO por esta longa narração do terremoto imaginário de 1989 é porque talvez só se entenda a magnitude da ilusão coletiva se recorrermos ao Grande Terremoto de 1755. Ao contrário de São Francisco, da Cidade do México ou de Tóquio, no ano de 1989 Lisboa não era uma cidade de sismos frequentes. O único digno de nota, cinco ou seis anos antes, mal fora sentido por uma minoria dos habitantes da cidade, e antes disso seria preciso recuar mais de vinte anos até encontrar um sismo de alguma monta, mas sem vítimas, em 1969. Quanto a outros sismos em território português, esses eram demasiado longínquos fisicamente (o do dia de ano-novo de 1980 nos Açores, a mais de 1500 km de distância) ou temporalmente (o que destruiu Benavente em 1909) para provocar esta sensibilidade exagerada ao tema.

Pelo contrário, está no Grande Terremoto de 1755 a chave para entender o terremoto imaginário de 1989. Tal como São Francisco, Lisboa é uma cidade em espera semiconsciente do seu *big one*. O *big one* de São Francisco, diz-se, ocorrerá inevitavelmente em função do alargamento da falha de Santo André, que atravessa a Califórnia. Também em Lisboa se falava sobre o regresso de um sismo "igual ao de 1755", para antes do ano 2000, uma referência certamente ligada à escatologia milenarista; as contas certas encerram uma atração especial, e certamente que a aproximação da efeméride dos 250 anos não deixará de provocar desconforto a algumas pessoas. Pouca gente, contudo, prevê o tal "igual ao de 1755" para, digamos, daqui a 1132 anos e quatro meses e meio.

Num dos capítulos da sua obra fundamental — e inacabada — sobre *A memória coletiva*, o sociólogo e filósofo francês Maurice Halbwachs explora uma distinção fundamental entre *memória histórica* e *memória coletiva*. A memória histórica propaga-se principalmente através de comemorações oficiais, atos de Estado, monumentos e livros.

A memória coletiva é mais fluida e irregular, feita de pequenas histórias já adulteradas, frases feitas, ficções, músicas e artefatos folclóricos.

Encontramos ambas as coisas no Terremoto de 1755, e por vezes num prazo surpreendentemente breve. Por um lado, os intelectuais do pombalismo esforçaram-se por constituir memória histórica do seu líder e herói político logo nos anos seguintes, como vimos com o *Diário dos Sucessos* de António Pereira de Figueiredo, que se dedica a cristalizar um determinado retrato de Sebastião José de Carvalho e Melo, em detrimento de terceiros, como único conselheiro do rei, protetor do império e reconstrutor de Lisboa. Por outro lado, a memória coletiva não nasceu de geração espontânea e começou a ser construída deliberadamente logo nos anos que se seguiram ao Terremoto. Em 1756 já se vendiam em Sevilha leques e laçarotes, sapatos e lenços alusivos ao Terremoto, bem como folhinhas com letras de canções sobre o assunto, por sua vez acompanhadas por danças específicas. Este aproveitamento comercial talvez pareça desapropriado para as consciências contemporâneas, mas que dizer então da corrida aos pedaços do muro de Berlim depois de 1990, ou da venda de vídeos caseiros do *tsunami* de 2004, no próprio local e poucos dias depois da catástrofe?

O que Maurice Halbwachs não teve talvez tempo de escrever — morreu executado no campo de concentração nazi de Buchenwald poucos meses antes de acabar a Segunda Guerra Mundial — é que tal como há memória coletiva, também há esquecimento coletivo. O terremoto da bruxa ficou soterrado sob uma espessa camada de esquecimento coletivo de causas indeterminadas. Talvez as pessoas não se reconhecessem naquele retrato, naquele espetáculo que haviam dado. Talvez o considerassem patético. Talvez não gostassem da forma como se sentiram depois, ao regressar a casa cheios de malas, levemente ridículos depois de um belo fim de semana na província. Talvez achassem que tinham dado uma má imagem de "nós enquanto país", uma vez que o acontecimento não deixaria de ser noticiado "lá fora".

E tal como há memória histórica, há também esquecimento histórico. Sabem os historiadores habituados a ver documentos pombalinos que, a partir de um determinado momento, as referências oficiais ao Terremoto sofrem um decréscimo muito notório. Nas comemorações da inauguração da estátua equestre, a 6 de junho de 1775, todas as proclamações se referem ao 61º aniversário do rei, número ímpar e pouco certo, e nenhuma referência é feita à efeméride do 20º aniversário do Terremoto, que ocorreria dali a poucos meses, e que estava essencialmente ligada à reconstrução da Baixa e, por via dela, à inauguração da estátua. É certo que na parte de trás do plinto da estátua existe um baixo-relevo que exalta a generosidade dos comerciantes depois do sismo. É, no entanto, bem pouco e bem escondido, quando comparado com o espanto e a polémica que provocou o retrato do marquês, do outro lado do plinto.

Também aqui só nos resta a especulação sobre tão curioso fato. Porque será que o pombalismo, que tanto insistiu na memória histórica do Terremoto até à década de 1760, a deixou cair de forma aparentemente tão deliberada a partir de então, e muito especialmente na década seguinte? Talvez Pombal não tenha querido ver a sua obra minimizada perante nada. Talvez os lisboetas depressa se tenham cansado de ser o "povo do Terremoto" e tenham preferido olhar e seguir em frente. Talvez a fobia de dom José a tudo o que fosse relacionado com aquele dia infausto tenha ajudado. Talvez fosse ainda demasiado doloroso. Talvez houvesse mais o que fazer. O que é certo é que o 20º aniversário do Terremoto passou despercebido, tão despercebido que não há documentos que nos ajudem a decifrar este quebra-cabeças.

Outro dos meus objetivos ao relembrar o terremoto imaginário de 1989 é o de evitar uma reação de estranheza ou até de superioridade perante o passado: aquilo a que poderíamos chamar de "cronocentrismo", inspirado no "etnocentrismo" dos antropólogos.

Não há falta de terremotos imaginários na história — falámos deles em capítulos anteriores — e eu queria evitar que o leitor abanasse a cabeça pensando que tontos eram os nossos antepassados. Pelo menos se for lisboeta, o leitor tem uma boa probabilidade de ter passado aquele fim de semana fora. E se não for lisboeta... que dizer da paranoia do "*bug* do milénio" ou da mania da destruição de Paris, em agosto de 1999, lançada por Paco Rabanne e coadjuvada por um eclipse total?

Em Londres, no ano de 1750, foram sentidos dois pequenos abalos sísmicos. O primeiro ocorreu a 8 de fevereiro e não foi sequer muito sentido. O segundo foi um pouco mais forte e, por coincidência, ocorreu exatamente um mês depois. A população da cidade ficou então convencida de que um terceiro terremoto, depois do 8 de fevereiro e do 8 de março, ocorreria certamente a 8 de abril. Houve alguma oposição filosófica a esta ideia, mas o bispo de Londres atalhou a controvérsia, repreendendo os filósofos e admitindo que, de fato, era mais do que chegada a hora de os londrinos meditarem nos seus pecados e se prepararem para tudo. Thomas Kendrick, diretor do Museu Britânico nos anos 1950 e historiador do Grande Terremoto, explica a lista de ofensas dos londrinos invocada pelo bispo de Londres (e tão semelhante às críticas de Malagrida aos lisboetas):

> O Evangelho era rejeitado, apesar da superioridade do protestantismo; eram publicados livros que desafiavam ou ridicularizavam as grandes verdades da religião, e não só esses livros eram bem recebidos na metrópole viciosa mas até nas plantações da América. Usava-se linguagem

blasfema, abertamente, nas ruas. Gravuras lascivas ilustravam todas as abominações e eram toleradas. Havia muita homossexualidade. As pessoas andavam doidas com os divertimentos; num só jornal o bispo tinha contado mais de quinze anúncios a peças de teatro, danças, lutas de galos, combates e por aí adiante — e isto durante a Quaresma.

Durante o mês de março a mania do terremoto não cessou de aumentar. Sermões, debates e conversas por toda a cidade amplificaram o pânico. E quando chegou a semana da calamidade profetizada, os londrinos puseram-se em fuga. Só numa das portas da cidade foram contadas 730 carruagens que saíram em apenas três dias. Os refugiados estavam por todo o lado nos campos em volta, as pensões e albergarias de cidades tidas como seguras estavam lotadas. Muita gente dormiu ao relento. No dia 8 de abril nada aconteceu; ainda houve quem ficasse mais uns dias fora, a jogar pelo seguro.

No dia 26 de janeiro de 1531, em pleno reinado de dom João III, um sismo abala Lisboa. Aliás, este não é um sismo qualquer. É o *outro* sismo de Lisboa, o segundo maior a atingir a cidade e, em parte, o termo de comparação utilizado pelas vítimas de 1755. Lisboa, no entanto, não é ainda a capital do reino que viria a ser no século XVIII. As cortes régias são em grande medida itinerantes e, mesmo quando se fixam por períodos mais largos, as preferências nem sempre recaem sobre Lisboa. A "capital" de dom João III, se existe, é certamente Évora e não Lisboa. Quando o sismo ocorre, aliás, o rei encontra-se em Palmela. Passado umas semanas o melhor dramaturgo português de sempre, Gil Vicente, escreve-lhe a partir de Santarém.

Gil Vicente estava preocupado com a reação dos religiosos ao sismo, e temia que o enquadramento da catástrofe por eles apresentado ao povo não fosse o mais correto, pelo menos a avaliar pelo exemplo dado em Santarém:

> Os frades de cá não me contentarão, nem em púlpito nem em prática ["prática" é aqui utilizada no sentido de conversa, por oposição ao sermão no púlpito], sobre esta tormenta da terra que ora passou; porque não abastava o espanto da gente, mas ainda eles lhe afirmavam duas coisas, que os mais fazia esmorecer.

Os dois erros que Gil Vicente imputava aos frades de Santarém serão facilmente reconhecíveis para quem chegou a este ponto da nossa história.

Em primeiro lugar, os frades excitavam a culpabilidade — e a ansiedade — das populações, culpando os seus pecados pela ocorrência do fenômeno: "Pelos grandes pecados que em Portugal se faziam, a ira de Deus fizera aquilo, e não que fosse curso natural."

O segundo "espantalho, que à gente puseram", como o próprio Gil Vicente se lhe refere, dizia respeito à futura ocorrência de um novo terremoto ainda mais destrutivo: "quando aquele terremoto partiu, ficava já outro de caminho, senão quanto era maior". Os frades escalabitanos já tinham até uma data e uma hora profetizadas para a ocorrência do novo terremoto, uma quinta-feira, e "uma hora depois do meio-dia". O povo de Santarém entrou em pânico com estas previsões e saiu da cidade. E neste passo da carta Gil Vicente não resiste a deixar escapar a sua veia de dramaturgo treinado nos absurdos da sociedade, e a picar sorrateiramente os seus contemporâneos em fuga de um terremoto que não ocorreu: "Ainda lá o esperam."

Segundo conta Gil Vicente na sua carta, o escritor reuniu-se então com alguns clérigos no claustro da igreja de São Francisco em Santarém e deu-lhes uma autêntica aula de teologia — numa ocasião favorável a Gil Vicente, se pensarmos que os frades tinham acabado de falhar numa previsão importante.

Em primeiro lugar, cabia-lhe resolver o problema da causa do terremoto. Por um lado, era-lhe impossível negar que determinadas catástrofes ocorressem por vontade expressa de Deus; estava a Bíblia cheia de exemplos que o provavam, como o "o sorvimento das cinco cidades mui populosas de Sodoma, e o dos Egípcios no Mar Ruivo" e incontáveis outros. No entanto, nem todas as catástrofes tinham as mesmas origens, e as "divinas" eram apenas mais conhecidas porque os escritores antigos lhes dedicavam mais texto do que às "naturais". Como diria um chefe de redação atual, é uma questão de relevância noticiosa: as catástrofes naturais podem ser muito importantes a nível local, mas uma mensagem de Deus é sempre uma mensagem de Deus.

Em termos teológicos, esta argumentação de Gil Vicente repousava na ideia de que existiam dois mundos diferentes, semiparalelos, ambos criados por Deus e em parte sobrepostos. Um deles era perfeito, não cabendo nele qualquer catástrofe:

> foi sempre e para sempre [...] a sua resplandecente glória, repouso permanente, quieta paz, sossego sem contenda, prazer avondoso [abundante], concórdia triunfante: mundo primeiro.

O segundo, criado para morada dos homens após a queda do paraíso, é

> todo sem repouso, sem firmeza certa, sem prazer seguro, sem fausto permanente, todo breve, todo fraco, todo falso, temeroso, aborrecido, cansado, imperfeito; para que por estes contrários sejam conhecidas as perfeições da glória do segre primeiro.

Quando se diz que estes dois mundos se sobrepõem parcialmente é porque Gil Vicente não defende, como certos autores, que Deus tenha posto o nosso mundo em marcha e depois se demitido de intervir nele. Deus, como prova a sagrada escritura, provoca catástrofes; mas Deus também intervém para evitar milagrosamente outras catástrofes. E quando perguntado sobre em que categoria cairia o terremoto de 1531, Gil Vicente respondeu a menos de um mês de distância: "Concluo que não foi este nosso espantoso tremor *ira dei* [ira divina]; mas ainda quero que me queimem se não fizer certo que tão evidente e manifesta foi a piedade do Senhor Deus neste caso, como a fúria dos elementos e dano dos edifícios".

Em vez de assustarem os cristãos com um Deus irado, Gil Vicente aconselhava implicitamente os frades a apresentarem antes a face de um Deus misericordioso que conseguira evitar que as causas naturais do terremoto não tivessem efeitos ainda mais destrutivos.

Restava ainda outro assunto a tratar com os frades, este a necessitar de menos compromissos do que o primeiro. Era ele o da previsão falhada de terremoto para o dia 25 de fevereiro, um ponto fácil para Gil Vicente:

> [...] tanto que Deus fez o homem, mandou deitar hum pregão no paraíso terreal, que nenhum serafim nem anjo nem arcanjo, nem homem nem mulher, nem santo nem santa, nem santificado no ventre da sua mãe, não fosse tão ousado que se intrometesse nas coisas que estão por vir.

Ou seja, se nem anjo nem arcanjo nem santo têm permissão para tentar adivinhar o futuro, jurisdição exclusiva de Deus, não é difícil adivinhar qual é a atitude correcta a guardar entre os simples clérigos de Santarém.

E para rematar, Gil Vicente regressa momentaneamente ao seu modo sarcástico, pois se o tremor de terra "ninguém sabe como é, quanto mais quando será e quãmanho será":

> mui maravilhado estou dos letrados [eclesiásticos] mostrarem-se tão bravos contra tão hórridos pregões e defezas [proibições] do Senhor, sendo certo que nunca coisas destas disseram, de que não ficassem mais mentirosos que profetas.

Resolvendo aqueles que eram os pressupostos da discussão, Gil Vicente encaminha-se então para o que parece afinal ter sido o seu contexto político e até, eventualmente, a sua motivação. Ao fazê-lo, toca num problema fundamental que reencontrámos no Terremoto de 1755 e noutras catástrofes de que temos feito tema desde o início deste livro, a saber, a questão da chantagem sobre os comportamentos sociais e, dentro desse, o da criação de agendas político-morais através da identificação de bodes expiatórios, às vezes em satisfação dos instintos mais básicos de uma parte da população.

Em termos gerais, Gil Vicente aproveita para repreender aos frades a criação de um clima desfavorável aos súditos lisboetas, invariavelmente destacados e caracterizados exclusivamente como grandes pecadores; a isto responde que nas "vilas e cidades dos Reinos de Portugal, principalmente Lisboa, se sim há pecados, há infindas esmolas e romarias, muitas missas, e orações, e procissões, jejuns, disciplinas, e infindas obras pias, públicas e secretas".

Quanto aos bodes expiatórios, aproximamo-nos daqueles que parecem ter sido os verdadeiros objetos de tanta produção profética nas semanas que se seguiram ao terremoto de 26 de janeiro de 1531: "E se alguns aí há [em Lisboa e noutras cidades] que são ainda estrangeiros na nossa fé e se consentem, devemos imaginar que se faz por ventura com tão santo zelo, que Deus é disso muito servido".

Para entender de que "estrangeiros" está Gil Vicente a falar só chegando a uma referência casual no fim da carta, quando o dramaturgo diz ao seu rei que considera que ao longo de uma vida inteira ao seu serviço nunca lhe tinha sido tão útil como na ocasião em que tentou corrigir o comportamento dos religiosos após o terremoto de 1531:

> este auto foi de tanto seu serviço, que nunca cuidei que se oferecesse caso em que tão bem empregasse o desejo

que tenho de o servir, assim vizinho da morte como estou. Porque à primeira pregação, *os cristãos novos desapareceram e andavam morrendo de temor da gente*, e eu fiz esta diligencia e logo ao Sábado seguinte seguirão todo os pregadores esta minha tenção [*itálico* meu].

Os cristãos-novos. É então legítimo inferir, a partir desta revelação de Gil Vicente, que a questão dos antigos judeus (e alguns mouros) convertidos à força ao cristianismo trinta e cinco anos antes desta carta era um dos problemas centrais das pregações religiosas em Santarém no rescaldo do terremoto de 1531, provavelmente motivados (e motivando) o antissemitismo latente da população. Os tais pecados eram muito especialmente uma certa indiferença ao fato de, entre os cristãos, viver gente que não tinha o seu coração verdadeiramente na religião cristã, os tais "estrangeiros na nossa fé". Aparentemente, se esta gente continuasse a ser "consentida", Deus não haveria de falhar com novos e redobrados castigos contra os portugueses, cuja debilidade moral e falta de severidade, excessiva indiferença ou mesmo tolerância para com os "estrangeiros" eram a causa do terremoto que recentemente haviam sofrido.

Contra esta posição, Gil Vicente propõe uma atitude leniente e compreensiva para com os cristãos-novos: "Parece mais justa virtude aos servos de Deus e seus pregadores animar a estes [estrangeiros, cristãos-novos] e confessá-los e provocá-los, que escandalizá-los e corrê-los, para contentar a opinião desvairada do vulgo".

Esta carta de Gil Vicente é quase demasiado boa para ser verdade. Em primeiro lugar, se me é permitida esta interferência dos sentimentos, por ser uma daquelas ocasiões pouco frequentes em que um génio literário ostenta perante a posteridade uma clareza e sentido de justiça absolutamente impecáveis. As duas coisas não têm de caminhar juntas, mas quando acontece é um consolo.

Mas principalmente, esta carta é um documento fantástico por conseguir resumir, nas suas poucas palavras, grande parte do feixe de problemas que nos ocupou durante este livro. Na realidade, desde a prevalência das causas naturais sobre as divinas, às consequências políticas de cada uma destas posições, ao enquadramento social que deve ser dado à explicação das catástrofes e à relação entre a sociedade e as suas minorias étnicas ou religiões exteriores, praticamente tudo é de importância essencial para o estudo da história dos terremotos (reais e imaginários) e de outras catástrofes, no passado e também no presente.

O Grande Terremoto de 1755 veio juntar ainda a este número impressionante de questões dois aspectos novos e essenciais. Refiro-me à organização política da estrutura de resposta à catástrofe, pioneira daquilo que designamos como "proteção civil", e também ao planeamento de uma reconstrução do espaço urbano que minimizasse os riscos na ocorrência de uma nova catástrofe e que, de modo geral, constituísse uma base ideal para o renascimento, real e simbólico, da cidade. Estes são os dois aspectos que levaram Russell Dynes a referir-se ao Grande Terremoto como "a primeira catástrofe moderna". Não por acaso, um livro recente dedicado à reconstrução da Baixa de Manhattan após os ataques de 2001 — *Out of Ground Zero*, dirigido por Joan Ockman — começa os seus estudos por Lisboa, e prossegue por Dresden e Hiroxima, antes de se dedicar a Nova Iorque.

Todas estas cidades são de certa forma, aliás bem diferente em cada caso, gémeas da Lisboa de 1755. Hoje, ao escrever um livro nos 250 anos do Terremoto, começamos por nos lembrar do 11 de Setembro e do *megatsunami* do Índico. Mas quando Thomas Kendrick escreveu a sua obra sobre o Terremoto de Lisboa nos duzentos anos, em 1955, o escritor e jornalista V. S. Pritchett colocou o dedo noutra ferida:

> No nosso tempo, o evento comparável é o bombardeamento
> de Hiroxima. Em ambos os casos, chegou ao fim um pe-
> ríodo de otimismo [...] Sir Thomas Kendrick mergulhou
> na vasta literatura de exortações gerada pelo Terremoto de
> Lisboa e nas controvérsias que se lhe seguiram [...] O livro
> está repleto de exemplos de bom senso e de loucura, e os
> sempiternos moralistas não saem bem no retrato.

Se em 1955 era Hiroxima a motivar recordações do Grande Terremoto, hoje ele continua a ser relembrado cada vez que uma catástrofe ocupa espaço nos *media*. Enquanto terminava este livro, o furacão Katrina inundou Nova Orleans. O *Los Angeles Times*, em editorial, lembrou Lisboa para exortar "Não chamem a isto um ato de Deus" — o que não deixa de ser normal. Mais curioso é o fato de um editorialista "cristão", escrevendo também sobre o Katrina e Nova Orleans, ter lembrado Lisboa, mas *como exemplo de um ato de Deus*. Embora admitindo que "as pessoas que morreram no Terremoto de Lisboa não eram necessariamente mais pecadoras do que outras pessoas" — uma concessão notável a 250 anos de distância — o mesmo autor nota que "isto em nada invalida a opção divina de utilizar desastres como julgamento" e termina com a mesma citação de Lucas 13 que vimos ser tão usada em 1755.

O reencontro, em pleno 2005, com uma defesa da intencionalidade divina das catástrofes pode contribuir para um certo desânimo — parece mais do mesmo em épocas radicalmente distintas. Terremotos imaginários, encontrámo-los no século xv, no século xviii, no século xx. E as explicações "divinas" para as catástrofes, que nos foi garantido terem sido arrumadas em 1755, continuam a ter o seu curso 250 anos depois. Estes ecos podem ser inquietantes para quem se tenha habituado a pensar as épocas históricas enquanto "paradigmas". E os paradigmas são formas de pensar e de agir que — um pouco à maneira da carroça do diácono, no capítulo anterior — é suposto desaparecerem de uma vez só, como as bolas de sabão. Foi, pelo menos, esse o destino que Voltaire vaticinou para o otimismo de Leibniz: veio um terremoto e — *puf!* Mas se no meio das carroças novas vamos encontrando as peças das carroças antigas, isso quer dizer que as culturas são muito mais permeáveis do que aquilo que os intelectuais gostam de imaginar. Permeáveis às ramificações entre épocas distintas, e muito permeáveis também à força inesperada das catástrofes naturais.

Em última análise, o grande legado de 1755 é o da interpretação construtiva de um fenômeno natural. Ou seja, em termos muito simples, uma atitude que consiste em dizer que, da próxima vez, estaremos melhor preparados. Foi uma viragem inesperada, tendo em conta que um dos temores em relação à anulação das explicações religiosas para as catástrofes naturais era o de que as populações enveredassem por atitudes antissociais ou pouco morais — "Se Deus não castiga, tudo é permitido?"

Após 1755, o domínio cada vez maior das explicações naturalistas provou que estes temores eram injustificados. Afinal, as sociedades podem não se sentir vigiadas nem castigadas e, ainda assim, manter laços de responsabilidade mútua.

Mais recentemente, contudo, tem surgido outro desafio para aquilo a que chamei uma "interpretação construtiva" das catástrofes. Trata-se de uma argumentação que se limita a defender que as catástrofes meramente "acontecem". Deste ponto de vista a "interpretação construtiva" peca por ingenuidade. Não devemos limitar-nos à ideia de que, ciclicamente, provocarão mortes, e deixarmo-nos de ilusões?

A resposta correta a esta pergunta não é, curiosamente, muito distinta da que foi dada aos adversários da explicação naturalista do Terremoto. A organização de uma resposta pragmática à hecatombe, os primeiros socorros, o "enterrar os mortos e cuidar dos vivos" e o planeamento de uma reconstrução antissísmica salvaram vidas. Esperemos também que as lições aprendidas com a tragédia do Índico em 2004 venham ainda a salvar muitas vidas no futuro. Afinal de contas, quantas vidas foram salvas pelas respostas alternativas?

Notas

Terremoto ou terramoto? A origem latina (*terræmotus* — movimento da terra), com a sua dupla vogal "Æ", permite as duas opções. Na edição portuguesa deste livro, optei pela forma hoje corrente (em Portugal), "terramoto". Nos séculos XVIII e XIX a forma mais comum era *terremoto* — e é ainda a utilizada no Brasil, e por isso foi adotada na edição brasileira. Esta forma aparecerá nas transcrições de fontes antigas, onde decidi manter a ortografia, a pontuação e a utilização de maiúsculas originais nos textos portugueses. As citações estrangeiras foram por mim traduzidas ou citadas a partir de uma tradução portuguesa, embora por vezes o original em língua estrangeira também seja utilizado por razões específicas. No caso das minhas traduções, mantive tanto quanto possível a utilização das maiúsculas nos trechos originais, por considerar que os autores utilizavam este recurso como forma de dar ênfase a certos conceitos ou qualificações. Em ambos os casos de textos, em português ou língua estrangeira, as citações podem ter sido objeto de minúsculas adaptações para facilitar a leitura.

Seguem-se algumas referências, capítulo a capítulo, de bibliografia utilizada, adicionadas de uma lista de leituras sobre os temas tratados neste livro. Estas notas e bibliografia servem apenas de apoio pontual.

.1.

As reações do arcebispo de Cantuária e de Nils Elvander ao *tsunami* de 2004 foram tratadas em dois artigos, um de Susan Bassnett [in *O Grande Terramoto de Lisboa: Ficar diferente*], outro de Mattias Martinson, no *Eurozine* [www.eurozine.com].

Embora a posição do "pirronista" a propósito da Primeira Guerra Mundial possa parecer excessivamente otimista, ela é, em traços gerais, inspirada no artigo de Niall Ferguson "Is Globalization Doomed?" na *Foreign Affairs* de março/abril de 2005 — o que não implica qualquer especulação sobre uma hipotética "teoria da história" do mesmo autor...

A tradução utilizada das cartas de "Séneca" a "Paulo" é minha [v. *Os incêndios de Roma. Cartas (que se diz serem) de Séneca a Paulo e Paulo a Séneca*, Almada, 2003]. Sobre livros-amuleto, ver o meu "Uma teologia da recepção?", in *Lusitania Sacra*, tomo 13-14, também em *Historiografia literária e as práticas da escrita* [coord. Flora Süssekind e Tânia Dias].

A filósofa americana Susan Neiman conta que nos dias após os ataques de 11 de setembro de 2001 recebeu vários e-mails perguntando se aquilo que acabava de acontecer "era uma nova Lisboa" — ou seja, um novo 1755. Veja-se o prefácio à reedição do seu excelente *Evil in Modern Thought*, obra que constituiu um estímulo para a escrita deste primeiro capítulo.

.2.

A citação de António Vieira provém, naturalmente, do *Sermão de Santo António aos peixes*, presente em virtualmente todas as coletâneas de obras do autor. A descrição de Ersília faz parte d'*As cidades invisíveis* de Italo Calvino.

Para o trajeto imaginário de Amália, vejam-se as obras dos clássicos da olissipografia, nomeadamente Júlio de Castilho e Vieira da Silva. As metamorfoses do Paço da Ribeira estão descritas num livro de Nuno Senos [*O Paço da Ribeira*, Ed. Notícias]. Os mapas utilizados são conjecturas nossas a partir da planta de

Lisboa por Tinoco [1650] e do material realizado para as comemorações dos duzentos anos do Grande Terramoto, em 1955 por Gustavo de Matos Sequeira. Para tudo, veja-se o catálogo *Exposição iconográfica e bibliográfica comemorativa de reconstrução da cidade depois do Terremoto de 1755*, publicado pela Câmara Municipal de Lisboa em 1955. A *Grande vista de Lisboa* encontra-se no Museu Nacional do Azulejo e foi recentemente objeto da edição de um catálogo.

·3·
Este capítulo parte da combinação entre duas fontes principais: a coleção dos números de 1755 da *Gazeta de Lisboa* e os processos da Inquisição de Lisboa do mesmo ano; a estas juntaram-se alguns dados dispersos — provindos por exemplo de coleções de legislação pombalina [ver *Marquês de Pombal: Bibliografia — iconografia*, coord. António Barreto]. No fundo, trata-se de uma condensação da "pequena história" de 1755 antes do Terramoto de 1 de novembro e, como tal, por natureza incompleta.

·4·
A coleção de testemunhos e descrições do Terramoto de 1 de novembro de 1755 é extensa e ainda aberta a novas descobertas. Baseei o essencial da minha própria descrição em alguns folhetos e livros da época [entre outros *Verdade Vindicada*; *Theatro Lamentavel*; *Commentario Latino e Portuguez*; *História Universal dos Terremotos*] e na coletânea de testemunhos britânicos *O Terramoto de 1755. Testemunhos britânicos* [anotados por Judite Nozes]. A leitura de outros textos permitiu esclarecer e contextualizar os acontecimentos, mas as citações utilizadas provêm das fontes enumeradas acima.

·5·
O ponto de partida deste capítulo é o *Diário dos sucessos* de António Pereira de Figueiredo — e, em segunda análise, a *Memória das Principaes Providencias* de Francisco José Freire. A propósito da notícia sucinta da *Gazeta de Lisboa* sobre o Terramoto, veja-se "A *Gazeta de Lisboa* e o Terramoto de 1755: a Margem do Não Escrito" de André Belo [*Análise Social*, 151-2]. Para uma teoria do poder pombalino veja-se António M. Hespanha [coord.], *O Antigo Regime* na *História de Portugal*, dirigida por José Mattoso; *O desembargo do Paço* de José Manuel Subtil e "Pombalismo e teoria política" de José Sebastião da Silva Dias [in *Revista de História e Filosofia*, 1].

·6·
Os relatos das fugas da família Fowke e de Thomas Chase encontram-se em *O Terramoto de 1755: Testemunhos britânicos* [anotados por Judite Nozes, The British Historical Society of Portugal e Lisóptima Edições, Lisboa, 1990].

·7·
Sobre os planos de Manuel da Maia para a reconstrução de Lisboa deve começar-se por *Lisboa pombalina e o Iluminismo*, de José-Augusto França [Bertrand], que publicou também as *Dissertações* do engenheiro-mor do reino. A pertinente qualificação do Grande Terremoto como "primeira catástrofe moderna", por Russel Dynes, é apresentada em "The Lisbon Earthquake in 1755: Contested Meanings in the First Modern Disaster".

.8.

A censura de Joaquim de Santana ao *Juízo sobre a Verdadeira Causa do Terremoto* de Malagrida encontra-se no fundo da Real Mesa Censória na Torre do Tombo. Para pormenores mais completos, veja-se o meu "Lembrar, esquecer, eensurar" [in *Estudos Avançados*, v. 13, n.º 37, *Dossiê Memória*, São Paulo, Universidade de São Paulo, 1999].

.9.

Para várias reações estrangeiras, incluindo de *philosophes*, ao Grande Terremoto, veja-se por exemplo o recente *O Grande Terramoto de Lisboa. Ficar diferente*, coordenado por Helena Carvalhão Buescu e Gonçalo Cordeiro. A bibliografia sobre o tema é extensíssima.

O *Poema sobre o Desastre de Lisboa*, bem como as respostas de Rousseau a Voltaire, mereceram uma boa edição conjunta da Frenesi edições [Lisboa, 2005]. As referências às restantes obras citadas encontram-se na bibliografia final.

.10.

O *Discurso patético* do Cavaleiro de Oliveira e as restantes peças desta polémica foram também editadas pela Frenesi [Lisboa, 2005], com notas e paratextos muito cuidados de Jorge P. Pires.

Para outras reações protestantes, recomenda-se a consulta de Thomas Kendrick, *The Lisbon Earthquake*, até hoje talvez a melhor obra panorâmica sobre o Grande Terremoto, bem como os artigos correspondentes de *O Grande Terramoto de Lisboa: Ficar diferente*, atrás citado.

.11.

Sobre a noção de "interesse", ver Albert Hirschman, *The Passions and the Interests*. Sobre o aborrecimento e a literatura romântica, ver Patricia Meyer Spacks, *Boredom*.

.12.

A notícia da "profecia" de 1989 foi publicada em primeiro lugar pelo *Tal & Qual*. A pesquisa complementar à imprensa da época versou sobre os seguintes títulos: *A Capital, Diário de Lisboa, Diário de Notícias* e *Expresso*. Estes jornais sugerem que, depois de os clientes da "bruxa do Murtal" e do próprio *Tal & Qual*, foram as rádios locais e piratas em emissão nesse inverno de 1989 que mais responsabilidade tiveram na propagação do rumor. Estarão os arquivos dessas rádios, que foram em grande parte extintas durante esse ano, irremediavelmente perdidos?

A carta de Gil Vicente sobre o terremoto de 1531 foi publicada, com a ortografia que utilizámos, em 1902 [Lis As Três Bibliotecas]. Existe uma edição recente [Frenesi, 2005] da mesma obra.

Para a reação de V.S. Pritchett ao livro de Kendrick, consulte-se a sobrecapa da primeira edição de *The Lisbon Earthquake*. O editorial do *Los Angeles Times*, de 5 de setembro de 2005, foi escrito pelo historiador britânico Niall Ferguson. O editorial "cristão" sobre o furacão Katrina e o Grande Terremoto, por Fred Hutchinson pode ser encontrado em *renewamerica.com/analyses/050906hutchison.htm* (consultado em junho de 2022).

Selecção Bibliográfica

BUESCU, Helena Carvalhão; Cordeiro, Gonçalo; *O Grande Terramoto de Lisboa. Ficar diferente*, Lisboa, Gradiva, 2005.

CAETANO, Carlos; *A Ribeira de Lisboa na época da expansão (séculos XV a XVIII)*, Lisboa, Pandora, 2004.

CÂMARA, Maria Alexandra Trindade Gago da; ANASTÁCIO, Vanda; *O teatro em Lisboa no tempo do Marquês de Pombal*, Lisboa, Museu Nacional do Teatro, 2004.

CASTILHO, Júlio de; *A Ribeira de Lisboa*, Lisboa, CML, 1981.

Collecçam Universal de Todas as Obras Que Tem Sahido ao Publico Sobre os Effeitos Que Cauzou o Terremoto nos Reinos de Portugal e Castella no Primeiro de Novembro de 1755... Tomo I-V, [Lisboa?], 1758.

CONCEIÇÃO, Cláudio da; *Notícia do Terramoto*, Lisboa, Frenesi, 2005.

Exposição iconográfica e bibliográfica comemorativa da reconstrução da cidade depois do Terremoto de 1755, Lisboa, Câmara Municipal de Lisboa, 1955.

FIGUEIREDO, António Pereira de; *Commentario Latino e Portuguez Sobre o Terremoto e Incendio de Lisboa*, Lisboa, 1756.

FIGUEIREDO, António Pereira de; *Diario dos Successos de Lisboa Desde o Terremoto até o Exterminio dos Jesuitas*, Lisboa, 1761.

FONSECA, João Duarte; *1755. O Terramoto de Lisboa*, Lisboa, Argumentum, 2004.

FRANÇA, José-Augusto; *Une Ville des Lumières. La Lisbonne de Pombal*, Paris, Centre Culturel Portugais, 1988.

KENDRICK, Thomas; *The Lisbon Earthquake*, Nova Iorque, J.B. Lippincot, 1955.

KOZÁK, Jan T.; MOREIRA, Victor S.; OLDROYD, David L.; *1755*, Praga, Academia, 2005.

MALAGRIDA, Gabriel; *Juizo da Verdadeira Causa do Terremoto Que Padeceo a Corte de Lisboa*, Lisboa, 1756.

MAXWELL, Kenneth; "Lisbon. The Earthquake of 1755 and Urban Recovery Under the Marquês de Pombal", in *Out of Gound Zero. Case Studies in Urban Reinvention* [ed. by Joan Ockman], Nova Iorque, Prestel, 2002.

MENDONÇA, Joaquim José Moreira de; *Historia Universal dos Terremotos Que Tem Havido no Mundo de Que Ha Noticia, Desde a Sua Creação Até o Seculo Presente: Com Huma Narraçam Individual do Terremoto de 1755*, Lisboa, 1758.

NEIMAN, Susan; *Evil in Modern Thought. An Alternative History of Philosophy* [with a new preface by the author], Princeton, Princeton University Press, 2002.

OLIVEIRA, Francisco Xavier de [Cavaleiro de]; *Discurso Patético Sobre as Calamidades Presentes Sucedidas em Portugal* [e outros textos], Lisboa, Frenesi, 2005.

Resposta à Carta de Jozé de Oliveira Trovam e Sousa, Lisboa, 1756.

SILVA, A. Vieira da; *As freguesias de Lisboa: Estudo histórico*, Lisboa, CML, 1943.

SOUSA, José de Oliveira Trovão e; *Carta Em Que Hum Amigo Dá Noticia a Outro do Lamentavel Successo de Lisboa*, Coimbra, 1755.

TAVARES, José Acúrsio de [pseud. de Bento Morganti], *Verdade Vindicada, ou Resposta a Huma Carta Escrita de Coimbra, Em Que Se Dá Noticia do Lamentavel Successo de Lisboa*, Lisboa, 1756.

TAVARES, Rui; "Lembrar, Esquecer, Censurar", in *Estudos Avançados*, vol. 13, n.º 37, *Dossiê Memória* [dir. Alfredo Bosi], São Paulo, Universidade de São Paulo, 1999.

TAVARES, Rui; *O labirinto censório. A Real Mesa Censória Sob Pombal (1768-1777)*, Lisboa, Instituto de Ciências Sociais da Universidade de Lisboa, Tese de Mestrado, 1997.

THEATRO *Lamentavel, Scena Funesta: Relaçam Verdadeira do Terremoto*, Coimbra, 1756.

VOLTAIRE [François-Marie Arouet]; *O Desastre de Lisboa* [seguido de *Carta a Voltaire* por Jean-Jacques Rousseau]; Lisboa, Frenesi, 2005.

Lista de ilustrações

.1.

P. 10: Jacques Phillipe le Bas, *Ruínas da Ópera do Tejo*, c. 1756.

P. 15: Laurence Sterne, gravura em *Tristram Shandy* demonstrando a linha narrativa do romance.

P. 24: *Palavras Santíssimas, e Armas da Igreja*, Lisboa, 1760. Livro-amuleto, acompanhado de relíquias. Coleção particular [agradecimento a Ângela Barreto Xavier].

.2.

P. 28: Mapas sobrepostos da Lisboa de antes e depois do Terremoto. A mancha representa a Lisboa pré-1755, a linha representa a Lisboa atual.

P. 34: Trajeto por uma Lisboa "sem" terremoto [I]. Do Corpo Santo ao Terreiro do Paço. A Lisboa "sem" Terremoto — desenhada a linha — é meramente especulativa. A margem do Tejo foi redesenhada e não corresponde à realidade de 1755.

P. 35: Moinho de maré, pormenor de *Grande Vista de Lisboa*, Museu Nacional do Azulejo.

P. 38: O Paço da Ribeira c. 1575. Desenho com aguada, fragmento de *Ulisiponæ Pars* [Arquivo Estatal de Turim].

P. 39: O Paço da Ribeira em 1662. Detalhe de gravura de Dirk Stoop, representando os festejos por altura do casamento de Catarina de Bragança com Carlos II de Inglaterra.

P. 41: Trajeto por uma Lisboa "sem" terremoto [II]. A Baixa, do Terreiro do Paço à Igreja de São Nicolau. Para comparação, a mancha representa a Lisboa atual.

P. 43: Trajeto por uma Lisboa "sem" terremoto [III]. A Baixa, da igreja de São Nicolau ao Rossio. Aplicam-se os mesmos critérios do trajeto I e II.

.3.

P. 50: Gravura representando o cenário da ópera *La Clemenza di Tito*, representada na Real Casa da Ópera a 6 de junho de 1755, por ocasião do aniversário de dom José I.

P. 61: Planta da Real Casa da Ópera. Academia Nacional das Belas-Artes.

P. 62: Alçado da Real Casa da Ópera. Academia Nacional das Belas-Artes.

.4.

P. 70: Anónimo, *La Destruction de Lisbonne*, 1756(?).

P. 84: Área consumida pelos incêndios da primeira semana de novembro de 1755.

P. 87: Fuga da família Fowke a 1º de novembro de 1755. Do beco das Mudas ao Rossio. Tentativas de regresso de Neb Fowke.

P. 88: Fuga da família Fowke a 1º de novembro de 1755. Do Rossio ao Bairro Alto.

.5.

P. 90: António Fernandes Rodrigues, *Alegoria do Marquês de Pombal*, 1782.

P. 97: Jacques Phillipe le Bas, *Ruínas da Patriarcal*, c. 1756.

.6.

P. 104: R. Vinkeles e F. Bohn, *Aardbeeving te Lissabon den Jaare 1755*. Museu da Cidade de Lisboa.

P. 109: Rua das Pedras Negras com localização plausível de Thomas Chase imediatamente após o terremoto de 1º de novembro de 1755.

P. 114: Fuga de Thomas Chase na tarde de 1º de novembro de 1755.

.7.

P. 120: Perspectiva de projeto para a reconstrução de Lisboa, in *Catálogo da Exposição Iconográfica e Bibliográfica Comemorativa da Reconstrução da Cidade Depois do Terremoto de 1755*, Lisboa, 1955.

P. 132: Eugénio dos Santos, Plano para a Reconstrução de Lisboa [sobreposto à Lisboa arruinada], 1756.

.8.

P. 134: Autor desconhecido, Auto da fé da Inquisição no Terreiro do Paço [alegadamente representando a execução de Gabriele Malagrida e da efígie do Cavaleiro de Oliveira], c. 1762.

P. 137: Gabriele Malagrida, *Juizo da Verdadeira Causa do Terremoto*, Lisboa, 1756.

P. 143: "O padre Malagrida pregando logo depois do Terremoto", gravura do século XIX.

.9.

P. 150: Jacques Phillipe le Bas, *Ruínas da Igreja de São Nicolau*, c. 1756.

P. 153: Gravura alemã ou austríaca representando as vítimas do Terremoto de Lisboa, c. 1790.

.10.

P. 166: Autor desconhecido, *Verwoesting val Lissabon*, s.d.

.11.

P. 176: Autor desconhecido, *Triste Tableau des effets causés par le Tremblement de Terre et Incendies arrivés a Lisbonne le 1er Novembre 1755*, s.d.

P. 179: capa de *Terror nas Torres Gêmeas*, cordel de José João dos Santos/Mestre Azulão. Reprodução.

.12.

P. 190: Jornal *Tal & Qual*, chamada à capa da edição de 17 a 23 de Fevereiro de 1989.

P. 195: Maia, *Cartoon* em *A Capital*, 17 de fevereiro de 1989.

Índice Onomástico

ADFORD, MRS.: 113
Adorno, Theodor: 154
Alegrete, [Fernão Teles da Silva]
    4.º Marquês de: 99, 168
Alexandre, o Grande: 20
Alves, [irmãos] Francisco e José: 73, 86
André, Monsieur: 184
Anunciação, Dom Miguel da [bispo de
    Coimbra]: 136
Áustria, Dona Maria Ana de [rainha
    de Portugal]: 54-5
Aveiro, [José Mascarenhas]
    8.º Duque de: 133

BASSNETT, SUSAN: 210
Belo, André: 211
Bento XIV [sumo pontífice]: 65
Bonaparte, Napoleão: 186
Borges, Jorge Luis: 146
Bórgia, César [papa Alexandre VI]: 102
Bouilly, J-N: 186
Boxer, Charles R.: 95
Buescu, Helena Carvalhão: 212, 213

CALÍGULA, [GAIO CÉSAR]: 20, 156
Calvino, Italo: 33, 210
Cândido: 91, 151, 162-5, 182-3
Cantuária, arcebispo de: 16, 210
Cartier-Bresson, Henri: 178
Casanova, Giacomo: 151-2
Castilho, Júlio de: 210, 213
Castro, [frei] Sebastião Pereira: 64
Cenáculo, [frei] Manuel do [bispo de
    Beja, depois arcebispo de Évora]:
    92, 137
Chase, Thomas: 7, 105-8, 110-2, 114,
    117-9, 121, 211, 215
Ciros [imperadores da Pérsia]: 20
Cleópatra VII [rainha do Egipto]: 46
Cordeiro, Gonçalo: 212-3
Costa, Lúcio: 128
Cunegundes, menina: 162, 164
Cunha, Dom Luís da: 46

DARELL, LEONARDO: 60-1
Dário [imperador da Pérsia]: 20
Daun, Condessa de: 54
Dias, José Sebastião da Silva: 211
Diderot, Denis: 153, 182-3
Dionísio [rei de Siracusa]: 20
Dynes, Russell: 130, 207, 212

ELVANDER, NILS: 17, 210
Escribot, Aleixo: 57-9

FEIJÓO, BENITO: 154
Ferguson, Niall: 210, 212
Figueiredo, [padre]
    António Pereira de: 83, 91-5, 98,
    100-1, 103, 121, 132, 137, 197, 211
Figueiredo, Manuel de: 184
Filipe I [de Portugal], Dom;
    Filipe II [de Espanha], Dom: 38
Filipe III [de Portugal], Dom;
    Filipe IV, Dom [de Espanha]: 38
Forg, Johann Ernest: 108, 110, 112,
    115, 117
Fowke, Mr. [e família]: 85-6, 88-9,
    105-6, 129, 211, 215
França, José-Augusto: 129
Francisco Fernando [arquiduque
    austríaco]: 14
Frankland, Charles: 187
Freire, Francisco José [Cândido
    Lusitano]: 91, 211

GEYL, PIETER: 15
Goethe, Johan Wolfgang von: 181-2
Gusmão, Alexandre de: 46

HALBWACHS, MAURICE: 197
Hallemberg, André: 64
Haussmann, Georges-Eugène
    [prefeito da região do Sena]: 44, 124
Herrera, Juan: 38
Hespanha, António M.: 211
Hirohito [imperador japonês]: 95

Holmes, Oliver Wendell: 187
Houston, Mr.: 113, 117-8
Hume, David: 153, 164
Hutchinson, Fred: 212

Jesus Cristo: 22, 24, 46, 68, 106, 140, 167, 174
João II [rei de Portugal], Dom: 44, 167
João III [rei de Portugal], Dom: 102, 200-1
João V [rei de Portugal], Dom: 35, 38--40, 54, 60-1, 102, 139
Job: 174
Jorge II [rei de Inglaterra]: 107, 172
José I [rei de Portugal], Dom: 34, 45, 47, 51, 54, 84, 93, 96, 98-9, 102, 107, 127, 132, 136, 140, 147, 169, 170, 174, 184, 215

Kant, Immanuel: 24-5, 153-4, 182
Kendrick, Thomas: 171, 199, 207, 212-3
Kubitschek, Juscelino [presidente da república brasileiro]: 128
Kublai Khan [imperador mongol]: 33

Lafões, [João Mascarenhas da Silva] 2.º Duque de: 97-8, 103
Lagroer [padre]: 58
Leibniz, Gottfried Willhelm von: 151, 155-6, 158-9, 161-2, 208
Leroyvont: 58
Lester, Senhorita: 88
Lucas, S. [evangelista]: 174, 208
Luís XIV [rei de França]: 46, 98, 135

Madeira, [padre] José: 68
Maia, Manuel da [general]: 121-30, 133, 211, 216
Maistre, Joseph de: 19
Malagrida, [padre] Gabriele: 135, 137, 139-45, 147-9, 167, 171, 200, 212-3, 216
Mansor, Hamet Ben Ali: 62

Manuel I [rei de Portugal], Dom: 37, 100
Mardel, Carlos [coronel]: 89, 129, 133
Marialva, Marquês de [general]: 97, 99
Marlborough, Duque de: 40
Martinson, Mattias: 210
Maxwell, Kenneth: 128, 149, 213
McLuhan, Marshall: 26
Melo, Sebastião José de Carvalho e [1.º Conde de Oeiras, 1.º Marquês de Pombal]: 7, 19, 29, 30, 45-8, 53-4, 73, 85, 92-4, 96-7, 121, 127-8, 130, 133, 135-6, 139, 145, 149, 197-8, 211, 213-5
Mendonça, Joaquim Augusto Moreira de: 82, 213
Metastasio [pseud. de Pietro Trapassi]: 62, 64
Molière [pseud. de Jean-Baptiste Poquelin]: 135, 184, 185
Montesquieu, [Charles de Secondant] Barão de: 153
Morganti, Bento [pseud. José Acúrsio Tavares]: 85, 213
Morrough, Mr.: 86
Murtal, [Viviana da Conceição] «bruxa» ou «vidente» do: 191, 193-5, 212

Napoleão III [imperador dos franceses]: 44
Neiman, Susan: 154, 210, 213
Nero [imperador de Roma]: 19, 21, 26, 156
Niemeyer, Óscar: 128
Nietzsche, Friedrich: 165

Ockman, Joan: 207, 213
Oliveira, Francisco Xavier de [Cavaleiro de Oliveira]: 167-70, 212, 216

Pangloss [Professor]: 162-4, 182

Pedro, Infante Dom [depois rei--consorte Dom Pedro III]: 65, 96
Pedro, o Grande: 127
Peralada, Conde de [embaixador de Espanha]: 73, 85
Perez, David: 62
Pilatos, Pôncio [governador romano da Judeia]: 46
Pinto, Matias Pereira de Azevedo: 93
Pires, Jorge: 212
Pirro de Eleia: 15
Poe, Edgar Allan: 187
Polo, Marco: 33
Pope, Alexander: 151, 156, 159, 161
Poppe, Elias: 124, 129
Portal, Manuel [padre]: 105
Princip, Gavrilo: 14
Pritchett, V. S. [sir Victor Sawdon]: 207, 212

QUINTILIANO, MARCO FÁBIO: 40

RATTON, JÂCOME: 72, 85
Remédios, [frei] António dos: 78-9
Resende, Garcia de: 167
Richelieu, [Armand Jean Du Plessis], Cardeal e Duque de: 98
Rousseau, Jean-Jacques: 151, 153, 157--61, 164-5, 182, 212, 214

SABUGOSA, [LUÍS CÉSAR DE MENESES] 1.º CONDE DE: 65
Santana, [frei] Joaquim de: 135, 137, 139, 141, 143, 145, 212
Santo Elias, [frei] Paulo do: 63
Santos, Eugénio dos: 129-30, 133, 216
São Caetano, Dom Inácio de [bispo de Penafiel]: 137
São José, [frei] Joaquim: 68
Scrafton, Dr.: 110
Sebastião, Dom: 46, 102

Séneca, Lucius Annæus: 19-22, 25, 155, 210
Senos, Nuno: 210
Sequeira, Gustavo de Matos: 211
Shandy, Tristram: 15, 215
Shih Huang Ti [imperador chinês]: 146, 148
Silva, Augusto Vieira da: 210
Silva [o Judeu], António José da: 88-9
Smith, Adam: 164
Soares, [frei] Timóteo de Santa Marta: 67
Sousa, José de Oliveira Trovão e: 71-2, 80, 85, 213
Spacks, Patricia Meyer: 212
Sterne, Laurence: 15, 215
Stoop, Dirk: 130, 215
Subtil, José Manuel: 211
Suetónio, Gaio [Gaius Suetonius Tranquilus]: 21
Surriage, Agnes: 187

TÁCITO, GAIO CORNÉLIO: 21
Tarso, [S.] Paulo de: 19, 36, 82-3, 178, 212-13
Tartufo: 135-6, 184-5
Távora, [Francisco de Assis de Távora, vice-rei da Índia portuguesa] 3.º Marquês de [e família]: 47-8, 64, 68, 93, 95, 131-3, 135, 140, 149
Terzi, Filipe [ou Filippo]: 36
Tinoco, José Nunes: 211
Toynbee, Arnold Joseph: 15

VICENTE, GIL: 201-6, 212
Vieira, [padre] António: 32, 210
Voltaire [pseud. de François-Marie Arouet]: 24-5, 151, 153-62, 164-5, 182-3, 186, 189, 208, 212, 214

WALDSTEIN, CONDE DE: 151
Wesley, John: 8, 167, 173-4

Agradecimentos

O volume que o leitor tem entre mãos contou com a ajuda de várias pessoas que — entre outras atitudes beneméritas — aconselharam, escutaram, emprestaram livros, pilharam bibliotecas familiares, leram versões primitivas do texto, deram alento, emprestaram casa, traduziram excertos, cozinharam refeições, providenciaram sossego, auxiliaram com pistas preciosas e, acima de tudo, tiveram muita paciência. Cada um dos nomes citados a seguir sabe bem em que consistiu o seu papel: garantir que os erros que este livro possa ter não fossem de sua culpa, mas inteiramente minha. Cumpre, então, dar reconhecimento público a André Belo, Ângela Barreto Xavier, Carla Araújo e Celso Martins, Daniel Calado (e Teresa Gil), Dora Capinha, Eduardo França Paiva, Olímpio Ferreira, Pedro Cardim, Pedro Puntoni, Rui Lopes, Salete Kern Machado, Vera Tavares; os irmãos João, José, David e Maria do Rosário e as sobrinhas Ana (e Pedro), Raquel e Mariana; e principalmente Armando Tavares Pereira, Lucília Tavares Pereira e Christiane Machado Coêlho — que fizeram tudo o que está descrito acima, e mais ainda.

O Autor

Rui Tavares é escritor e historiador, nascido em Lisboa em 1972, com estudos em História da Arte pela Universidade Nova de Lisboa, em Ciências Sociais pela Universidade de Lisboa, e em História e Civilizações pela École des Hautes Études en Sciences Sociales de Paris.

É cronista no jornal *Público*. Um dos fundadores, em 2014, do partido Livre, de esquerda verde europeísta, foi eurodeputado (2009-2014) e elegeu-se deputado por Lisboa à Assembleia da República nas eleições de 2022.

Publicou em Portugal, pela Tinta-da-China, a peça teatral *O arquitecto* —que saiu no Brasil pela Martins Fontes —, a coletânea de textos de opinião e crítica *Pobre e mal agradecido: A educação patológica de Rui Tavares*, o volume de crônicas *O fiasco do milénio e outras tragédias menores*, um ensaio sobre o assassinato do rei d. Carlos i em *O regicídio* (com Maria Alice Samara), o ensaio *A Ironia do Projeto Europeu* e sua tese de doutorado sobre a censura portuguesa no século xviii, *O Censor Iluminado: Ensaio sobre o pombalismo e a revolução cultural do século xviii*. Traduziu *Cândido, ou o Optimismo*, de Voltaire, e *Tratado da magia*, de Giordano Bruno. *O Arquitecto* e a tradução do *Tratado da Magia* foram publicados no Brasil. *O Pequeno Livro do Grande Terramoto* está traduzido para o russo, o inglês e o italiano.

Esquerda e Direita: Guia histórico para o século xxi foi o seu primeiro livro publicado pela Tinta-da-China Brasil.

© 2022, Rui Tavares
1ª edição: 2005

Esta edição segue o Novo Acordo
Ortográfico da Língua Portuguesa

CAPA
Vera Tavares

DIAGRAMAÇÃO
Isadora Bertholdo
sobre projeto de Olímpio Ferreira

ASSISTENTE EDITORIAL
Ashiley Calvo

REVISÃO
Adriane Piscitelli

CONSULTORIA EDITORIAL
Fabiana Roncoroni

PRODUÇÃO GRÁFICA
Lilia Góes

FLIPBOOK
Marina Quintanilha e Thais Suguiyama

DADOS INTERNACIONAIS DE CATALOGAÇÃO NA PUBLICAÇÃO (CIP)
(CÂMARA BRASILEIRA DO LIVRO, SP, BRASIL)

Tavares, Rui
O pequeno livro do Grande Terremoto : ensaio sobre 1755 /
Rui Tavares. – São Paulo, SP : Tinta-da-China Brasil, 2022.

BIBLIOGRAFIA.
ISBN 978-65-84835-08-5

1. Lisboa (Portugal) - História - Séc. 18
2. Terremotos - Portugal - Lisboa I. Título.

22-112468   CDD -946.9425

ÍNDICES PARA CATÁLOGO SISTEMÁTICO

1. Terremotos : Lisboa : Portugal : 1755 : História   946.9425
Eliete Marques da Silva - Bibliotecária - CRB-8/9380

TODOS OS DIREITOS DESTA EDIÇÃO RESERVADOS À

Tinta-da-China Brasil/Associação Quatro Cinco Um

LARGO DO AROUCHE, 161 SL2 • REPÚBLICA • SÃO PAULO/SP
EDITORA@TINTADACHINA.COM.BR

O PEQUENO LIVRO DO GRANDE TERREMOTO
foi composto em Hoefler Text e impresso
em papel Pólen Soft 80g, na Ipsis, em junho
de 2022, nos dez anos de fundação da
Tinta-da-China Brasil por Bárbara Bulhosa.